Matthias Grossmann

Die 10 Schritte
zum Einkaufserfolg

W0068355

Matthias Grossmann

Die 10 Schritte zum Einkaufserfolg

Was Einkäufer von Top-Verkäufern lernen können

3. Auflage

expert Taschenbuch Nr. 102

Bibliografische Information Der Deutschen Bibliothek

Die Deutsche Bibliothek verzeichnet diese Publikation
in der Deutschen Nationalbibliografie;
detaillierte bibliografische Daten sind im Internet über
http://dnb.d-nb.de abrufbar.

Bibliographic Information published by Die Deutsche Bibliothek

Die Deutsche Bibliothek lists this Publication
in the Deutsche Nationalbibliografie;
detailed bibliographic data is available in the Internet at
http://dnb.d-nb.de .

ISBN 978-3-8169-2870-6

3. Auflage 2008
2. durchgesehene Auflage 2007
1. Auflage 2007

Bei der Erstellung des Buches wurde mit großer Sorgfalt vorgegangen; trotzdem können
Fehler nicht vollständig ausgeschlossen werden. Verlag und Autoren können für fehlerhafte
Angaben und deren Folgen weder eine juristische Verantwortung noch irgendeine Haftung
übernehmen.
Für Verbesserungsvorschläge und Hinweise auf Fehler sind Verlag und Autoren dankbar.

© 2007 by expert verlag, Wankelstr. 13, D-71272 Renningen
Tel.: +49(0)7159-9265-0, Fax +49(0)7159-9265-20
E-Mail: expert@expertverlag.de, Internet: www.expertverlag.de
Printed in Germany

Vorwort

„Im Einkauf liegt der Gewinn!", lautet ein bekanntes Sprichwort. Tatsächlich fallen in den meisten Unternehmen mehr als 50 Prozent aller Kosten in der Beschaffung von Gütern und Dienstleistungen an. Trotzdem wird der Einkauf oft stiefmütterlich von der Geschäftsführung und anderen Fachabteilungen behandelt. Dabei schlummert ein großes Potenzial im Einkauf! Eine Reduzierung der Beschaffungskosten um 5 Prozent – unter Einhaltung der vom Markt geforderten Qualität – hat durchschnittlich fast eine Verdopplung des Unternehmensgewinns zu Folge. Dieses Potenzial sollte genutzt werden, um die Wettbewerbsfähigkeit des Unternehmens zu sichern.

Es gibt viele Themen im Einkauf: Methoden zur Preis- und Kostenreduzierung, E-Procurement, Lieferantenentwicklung und die richtige Einkaufsorganisation. In diesem Buch gehe ich vor allem auf die professionelle Verhandlungsführung ein.

Seit 1996 trainiere ich in mehr als 80 Veranstaltungen pro Jahr in öffentlichen und firmeninternen Seminaren, Einzelcoachings und Großveranstaltungen Einkäufer und alle, die mit der Beschaffung zu tun haben. Daneben berate ich Unternehmen bei der Einführung einer neuen Einkaufsorganisation. Zusammen mit meinen Partnern übernehmen wir Einkaufsprojekte zur Kostenreduzierung. Vor meiner Trainer- und Beratertätigkeit war ich mehrere Jahre als Einkäufer und Einkaufsleiter tätig. Den Praxisbezug dieses Buches verdanke ich all diesen Erfahrungen und insbesondere auch den Teilnehmern meiner Seminare. Vielen Dank dafür!

Ich wünsche Ihnen eine aufschlussreiche Lektüre!

Matthias Grossmann

Seminarunterlagen des Autors, die für dieses Buch verwandt wurden:

- Einkäufer-Intervall-Training
- Selbstbewusster verhandeln im Einkauf
- Wie tickt ein Top-Einkäufer?

Kontaktadresse:
Matthias Grossmann
MGS – Training und Beratung für den Einkauf
Tulpenstrasse 13, 63743 Aschaffenburg
Telefon: (06021) 448-516, Fax –517
Internet: www.einkaufstraining.de, e-mail: info@einkaufstraining.de

Inhaltsverzeichnis

1   Die Eigenschaften eines Top-Einkäufers

Werden Sie Top-Einkäufer!

Welche Arten von Einkäufern gibt es? Grundsätzlich mindestens drei:

- Der Softy-Einkäufer
- Der Top-Einkäufer
- Der Druck-Einkäufer

Einige typische Eigenschaften des Softy-Einkäufers sind:

- Mittlere bis geringe Motivation
- Fachlich mittelmäßig vorbereitet
- Sieht sich machtlos gegenüber Maverick-Buying
- Leben und leben lassen: Ich tue Dir nichts, tue Du mir nichts
- Denkt im Kopf des Lieferanten
- Ziellos oder weiches Ziel
- Überlässt Gesprächsführung dem anderen
- Wenig Interesse an der Kostenanalyse
- Kompromissbereit und nachgiebig
- Fehlt die innerliche Spannung

Einige typische Eigenschaften des Top-Einkäufers sind:

- Hohe Motivation und Engagement
- Fachlich gut vorbereitet
- Bezieht den Fachbereich ein für eine gemeinsame Strategie
- Hart aber fair
- Versucht eine Win/Win-Situation herbeizuführen
- Zielorientiert
- Flexibel in der Strategie
- Anstatt Preisverhandlung bevorzugt er die Kostendiskussion
- Fordernd
- Kann innerlich entspannen

Einige typische Eigenschaften des Druck-Einkäufers sind:

- Mittlere bis geringe Motivation
- Fachlich mittelmäßig vorbereitet
- Bevorzugt Einzelkämpfer zu sein
- Hart und unfair
- Sieht nur seinen Vorteil
- Zielorientiert
- Stur am eingeschlagenen Weg festhalten
- Wenig Interesse an der Kostenanalyse
- Drohend
- Innerlich ständig angespannt

„Ein Top-Einkäufer trägt den Erfolg in sich selbst"

Welcher dieser Einkäufer-Typen wird wohl langfristig das bessere Ergebnis erzielen? Ganz sicher der „Top-Einkäufer". Er verfügt über jene Eigenschaften, um erfolgreich Preisreduzierungen zu realisieren und gleichzeitig die Partnerschaft zum Lieferanten auszubauen. Übrigens ist es auch der Typ, der von den Verkäufern am meisten geachtet und respektiert wird.

Dieses Buch ist für alle geschrieben, die Top-Einkäufer werden möchten oder ihren Status als Top-Einkäufer überprüfen und ausbauen wollen. Neben einigen Methoden zur Preis- und Kostenreduzierung in der Beschaffung, geht es in diesem Buch vor allem um die professionelle Vorbereitung auf Verhandlungen.

2 Die fachliche Vorbereitung auf die Einkaufsverhandlung

2.1 Sammeln Sie Informationen! Eine Checkliste mit 12 Punkten

Die fachliche Vorbereitung auf Verhandlungen wird oft vernachlässigt. Ursachen hierfür sind die mangelnde Zeit oder das fehlende Bewusstsein der Bedeutung. Dabei ist die gründliche Informationssammlung der erste wichtige Schritt zum Verhandlungserfolg.

Der investierte Aufwand in die Vorbereitung ist natürlich – entsprechend der Wichtigkeit des zu beschaffenden Produktes oder Dienstleistung – abzuwägen. Die Vorbereitung der Verhandlung eines A-Artikels mit einem Jahresumsatz von beispielsweise € 300.000,– sollte dementsprechend intensiver erfolgen, als die Telefonverhandlung eines C-Artikels mit einem Umsatz von nur € 2.000,– pro Jahr.

Folgende Fragen zum Lieferanten sollten Sie in der Vorbereitung beantworten:

1. Was ist das konkrete Thema?
2. Wie war die Umsatzentwicklung mit uns als Kunde?
3. Wie war dessen Umsatzentwicklung mit allen Kunden?
4. Wie war die Preisentwicklung?
5. Wie lauten die Liefer- und Zahlungsbedingungen
6. Wie ist die Wettbewerbssituation?
7. Was sind die Kostenbestandteile und deren Preisentwicklung?
8. Wie ist die Marktsituation?
9. Gab es Qualitäts- und/oder Lieferprobleme?
10. Gibt es einen Rahmenvertrag? Wann läuft dieser aus?
11. Sollte der Fachbereich einbezogen werden?
12. Was für ein Typ ist der Verkäufer? Ist er entscheidungsbefugt?

Im Folgenden gehen wir auf die einzelnen Punkte genauer ein.

1. Was ist das konkrete Thema?

Was ist der Grund für die geplante Verhandlung? Wenn wir von einer Preisverhandlung ausgehen, dann gibt es zahlreiche Ursachen dafür, zum Beispiel:

- Es handelt sich um die Verhandlung einer Auftragsvergabe.
- Der Lieferant will gestiegene Kosten an seine Kunden weitergeben.
- Der Einkäufer will bei fallenden Rohstoffkosten die Preise reduzieren.
- Aufgrund einer Umsatzausweitung erwartet der Kunde Zugeständnisse.
- Der Rahmenvertrag läuft aus. Neue Konditionen sollen vereinbart werden.

Je nach Situation ist es sinnvoll, eine Agenda zu erstellen und dem Lieferanten vorab zukommen zu lassen. Sicher besteht die Gefahr, dass der Verkäufer sich daraufhin gut vorbereiten kann und der Überraschungseffekt verloren geht. Auf der anderen Seite kann die Zeit in der Verhandlung optimal genutzt werden. Beispielsweise könnten Sie den Verkäufer auffordern, zur Verhandlung Ideen zur Kostenreduzierung mitzubringen. Diese sollen helfen, gestiegene Vormaterial-, Lohn- oder Energiekosten auszugleichen. Kommt es erst in der Verhandlung zu diesem Thema, wird der Verkäufer eine Auszeit zur Prüfung von Möglichkeiten erbeten. Dann muss wieder ein neuer Termin vereinbart werden. Eine Agenda ist Zeitmanagement! Was den vermeintlich ausbleibenden Überraschungseffekt betrifft: Sie brauchen ja nicht alle Punkte in der Agenda nennen.

2. Wie war die Umsatzentwicklung mit uns als Kunde?

Es ist wichtig, die Umsatzzahlen der letzten Jahre und den Planumsatz für das aktuelle Jahr zu kennen. Ist der Umsatz gestiegen, haben Sie schon einen Hebel für die Verhandlung, denn der Lieferant hat Vorteile, weil die anteiligen Fixkosten pro Stück für ihn sinken. Daran sollten Sie als Kunde beteiligt werden.
War der Umsatz rückläufig, ist dies ebenfalls gut zu wissen, denn der gewiefte Verkäufer wird ganz sicher dieses Thema zu seinem Vorteil in die Verhandlung einbringen wollen. Dann können Sie sich darauf vorbereiten. Vorschläge für Ihre Argumentation finden Sie weiter hinten.

Um als Einkäufer optimal wirken zu können, brauchen Sie Kennzahlen. Der Gesamtumsatz mit dem Lieferanten ist nur ein Teil des Ganzen. Viel besser ist es, pro Artikel den Umsatz und Preis zu erhalten. Hierfür ist die ABC-Analyse das richtige Instrument.

Ziel der ABC-Analyse ist es, Prioritäten zu setzen. Das kann artikel- oder lieferantenbezogen erfolgen. Im Folgenden finden Sie ein ideale Kennzahlenauswertung aufgrund einer ABC-Analyse:

| Lieferant | Artikelnummer | 2005 Menge | Umsatz | D-Preis | 2006 Menge | Umsatz | D-Preis | 2007 Plan |
	Bezeichnung	Stück	EUR	L-Preis	Stück	EUR	L-Preis	Menge
Meyer	1428.010-1230	4300	5.762,00	1,34	9600	12.814,00	1,33	10000
	Hülse			1,34			1,32	
	1423.011-1540	2750	2.200,00	0,80	4200	3.276,00	0,78	4500
	Blende			0,80			0,78	
	1324.012-1345	17800	43.966,00	2,47	26000	62.920,00	2,44	28000
	Regler			2,47			2,40	
	1423.012-1380	3900	2.808,00	0,72	4300	2.967,00	0,69	5000
	Blende			0,72			0,69	
	Summe:		54.736,00			81.977,00		
Minolt	1120.012-1718	29300	3.223,00	0,11	30250	3.630,00	0,12	30000
	Stanzteil			0,11			0,12	
	1120.012-1425	48720	8.769,60	0,18	57600	9.792,00	0,17	60000
	Blende			0,18			0,16	
	Summe:		11.992,60			13.422,00		
Mohren	1058.017-2318	22050	167.580,00	7,60	26550	199.125,00	7,50	28000
	Schiene links			7,60			7,50	
	1058.017-2319	22050	160.965,00	7,30	26550	192.487,50	7,25	28000
	Schiene rechts			7,30			7,25	
	Summe:		328.545,00			391.612,50		

In diesem Beispiel wurde die Kennzahlenauswertung nach Lieferant vorgenommen. Je Lieferant finden Sie alle Artikel, die er liefert, den letzten Preis (L-Preis), den Durchschnittspreis bei Preisänderungen (D-Preis), den Umsatz je Artikel gewichtet mit dem Durchschnittspreis und den Gesamtumsatz pro Jahr. Ergänzt finden Sie in der letzten Spalte die Planzahlen für das kommende Jahr.

Diese Daten sollte übrigens Ihr Warenwirtschaftssystem selbst hergeben und nach Ihren Vorgaben sortieren. Es kann nicht sein, dass Sie die Zahlen selbst aus Ordnern oder Datenbanken ziehen und in eine Excel-Datei eingeben müssen. Es gibt genug Software, die das automatisch schafft.

3. Wie war dessen Umsatzentwicklung mit allen Kunden?

Wie groß ist der Lieferant? Welchen Anteil an seinem Gesamtumsatz machen wir aus? Wie wichtig sind wir für ihn? Sind wir A-, B- oder C-Kunde? Dies soll hier beantwortet werden. Herausfinden können Sie das ganz einfach über eine Auskunft bei Creditreform, Dun & Bradstreet oder anderen Instituten. Geschäftsberichte können Sie downloaden unter www.handelsblatt.com. In den Auskunfteien finden Sie nicht nur die Umsatzentwicklung, sondern auch eine Einstufung der Bonität. Letzteres kann gerade bei neuen Lieferanten, die bei Ihnen ins Geschäft kommen wollen, ein wichtiges Auswahlkriterium sein. Was nützt Ihnen der beste Preis, wenn der Lieferant Liquiditätsprobleme hat?

Die Umsatzentwicklung des Lieferanten mit allen Kunden zu kennen, ist ebenfalls wichtig. Wenn wir wissen, dass sein Geschäft rückläufig ist, dann gibt uns das einen klaren Hinweis: Er wird verhandlungsbereit sein, da er seinen Umsatz ausbauen will.

Also Ziel ist es, uns unserer Bedeutung für den Lieferanten bewusst zu werden. Besitzen wir einen Umsatzanteil von 10 % an dessen Gesamtumsatz, haben wir sicherlich einen größeren Hebel gegenüber dem Lieferanten, als wenn es nur 0,1 % sind.

Wichtig kann es auch sein, den Gesamtumsatz mit allen Kunden nur für die Materialgruppe, die wir von ihm beziehen, zu erfahren. Dann zeigt sich vielleicht, dass wir im Verhältnis zum Gesamtumsatz nur ein C-Kunde sind, bezogen auf den Umsatz mit dieser Materialgruppe aber zu den wichtigsten Kunden zählen. Mit diesem Wissen können Sie viel selbstbewusster in der Verhandlung auftreten.

Doch was tun Sie, wenn Sie wirklich vom Umsatz her nur ein kleiner Kunde sind? Machen Sie sich dann klein und denken, „Ich muss ja froh sein, wenn er uns beliefert?" Das wäre nicht gut! Machen Sie sich lieber folgenden Satz bewusst:

Kein Verkäufer will Umsatz verlieren!

Jeder Verkäufer weiß, dass es schwieriger ist, einen Neukunden zu finden. Deswegen wird er versuchen, Sie als Kunden zu halten und zu Kompromissen bereit sein. Voraussetzung ist natürlich, dass Sie gut verhandeln. Also lösen Sie sich von Selbstmitleid und geben Sie Ihr Bestes! Sie werden feststellen: Es funktioniert!

4. Wie war die Preisentwicklung?

Auch die Preisentwicklung der zugekauften Produkte sollten Sie prüfen. Die Historie der Preise gibt Ihnen ein Bild über das Ergebnis, mit dem der Lieferant bei vergangenen Verhandlungen einverstanden war. Wichtig ist, dass in den Protokollen die Ausgangsforderung des Lieferanten und die letztendlich vereinbarte Preiserhöhung bzw. Preissenkung nachzulesen ist. Idealerweise wurde dort auch die typische Strategie der Verkäufer niedergeschrieben. Nutzen Sie diese Erkenntnisse bei der Vorbereitung Ihrer anstehenden Verhandlungen mit diesem Lieferanten!

5. Wie lauten die Liefer- und Zahlungsbedingungen?

Welche Lieferkonditionen haben Sie mit Ihrem Lieferanten vereinbart? Frei Haus inklusive Verpackung? Oder ab Werk ausschließlich Verpackung? Eventuell verlangt der Lieferant eine Mindestabnahmemenge?

Wie sieht es bei den Zahlungsbedingungen aus? 14 Tage 2 % Skonto oder 30 Tage netto – sind das die typischen Konditionen, die Sie vereinbart haben? Wie sieht es aus mit Bonus, Projektrabatt, Naturalrabatt und Werbekostenzuschuss (WKZ)?

Warum ich Sie das frage? Je mehr Möglichkeiten Sie auf der „Spielwiese" des Verhandelns haben, desto besser wird letztlich das Gesamtergebnis sein. Denn wenn Sie auf der Preisebene nicht weiter kommen, können Sie auf der Konditionsebene Zugeständnisse erhalten. Unterm Strich können Sie damit Ihr eigentliches Zielergebnis erreichen. Also bleiben Sie flexibel!

6. Wie ist die Wettbewerbssituation?

Selbstverständlich ist es wichtig, dass Sie in der Vorbereitung auf das Verhandlungsgespräch auch die Marktsituation überprüfen. Wie wollen Sie sonst herausfinden, ob der Preis (noch) wettbewerbsfähig ist? Den Markt nach Alternativlieferanten und Alternativtechnologien zu analysieren ist eine der Grundaufgaben des Einkäufers.

Es gibt zahlreiche Möglichkeiten, Lieferanten für einen Preisvergleich zu finden, zum Beispiel:

- Lieferantenverzeichnisse, wie www.kompass.com
- Messekataloge plus Messebesuche
- Auf Empfehlung
- Mittels Dienstleistungsunternehmen

Voraussetzung für einen Preisvergleich ist eine konkrete Spezifikation, die Sie von der betroffenen Fachabteilung in Ihrem Unternehmen erhalten sollten. Dies gilt natürlich nicht nur für Produkte, sondern auch für den Einkauf von Dienstleistungen.

7. Was sind die Kostenbestandteile und wie ist deren Preisentwicklung?

Dieses Thema ist besonders wichtig. Wird klassisch nur der Angebotspreis der verschiedenen Anbieter verglichen, geht es bei der so genannten Preisanalyse um die Aufschlüsselung in die Kostenbestandteile. Schauen wir uns folgendes Beispiel an:

Der partielle Preisvergleich

Beispiel:
Wir fragen ein Stanzteil bei verschiedenen Herstellern an. Die Qualität ist vergleichbar.

Die Anbieter erklären sich bereit, den Angebotspreis aufzuschlüsseln:

	1. Material	2. Stanzen	3. Biegen	4. Sonstiges	Gesamtpreis
Lieferant A	6,00	2,20	2,80	4,00	15,00
Lieferant B	6,20	1,30	3,00	3,80	14,30
Lieferant C	5,90	1,90	1,70	4,30	13,80

Wir ermitteln nun den Bestpreis indem wir die günstigsten Einzelkosten kombinieren:

	1. Material	2. Stanzen	3. Biegen	4. Sonstiges	Zielpreis
Bestpreis:	5,90	1,30	1,70	3,80	**12,70**

Mit diesem Zielpreis können wir nun mit den besten Lieferanten in die Verhandlung treten.

Dieses „Rosinenpicken" hat mehrere Vorteile:

- Wir können die unterschiedliche Höhe der Kostenbestandteile erkennen
- Dem Lieferanten können wir dessen Schwachstellen aufzeigen
- Die Diskussion über die verschiedenen Fertigungsverfahren hilft uns, Ideen zu Kostenreduzierung zu erarbeiten
- Der verhandelte Preis wird in der Regel unter dem günstigsten Angebotspreis liegen.

Idealerweise erhalten wir von den Lieferanten die komplette Kalkulation. Da die meisten Verkäufer sich jedoch dagegen wehren, hilft auch schon der einfache Vergleich der wichtigsten Kostenbestandteile, wie wir ihn oben gesehen haben.

Diese Aufschlüsselung ist auch Voraussetzung, um bei steigenden bzw. fallenden Rohstoff- oder Energiekosten sowie bei Lohnerhöhungen die effektive Preiserhöhung bzw. Preisreduzierung nachkalkulieren zu können. Spätestens dann, wenn der Verkäufer eine Preiserhöhung ankündigt, sollten Sie auf die Bekanntgabe der Kostenbestandteile bestehen. Schließlich soll er die anteilige Erhöhung auch nachweisen können. Empfehlenswert ist es zu prüfen, ob der Wettbewerb eine ähnliche Zusammensetzung der Kosten hat, denn nur dann wissen Sie, ob die von Ihrem Lieferanten genannten Daten auch der Wirklichkeit entsprechen. Vertrauen ist gut – Vorbeugen ist besser!
Außerdem sollten Sie von Ihrem Lieferanten auch den Nachweis der gestiegenen Kosten fordern. Dazu soll er Ihnen die effektiven Erhöhungen seiner Vorlieferanten offen legen. Begnügen Sie sich auf keinen Fall mit einer Kopie des Erhöhungsschreibens des Vorlieferanten oder gar nur mit einem Artikel aus der Tageszeitung – dies sagt nichts über die effektiv vereinbarte Erhöhung aus. Bestehen Sie vielmehr auf eine Kopie der Rahmenverträge oder der neuen Preisliste, Rabatt und Konditionen. Natürlich wird sich Ihr Lieferant wehren, doch geben Sie ihm zu verstehen, dass ohne korrekten Nachweis eine Verhandlung über eine mögliche Erhöhung von Ihrer Seite aus ausgeschlossen ist. Zeigen Sie Stärke!

Parallel zu den Aussagen Ihres Lieferanten, sollten Sie den Markt ständig selbst bezüglich der Preis- und Kostenentwicklung beobachten. Nur dann sind Sie wirklich Beschaffungsmanager. Quellen für Marktpreisentwicklungen gibt es genug.*

*Auf Wunsch erhalten Sie vom Autor eine Liste mit Quellenverzeichnissen.

Sehr empfehlenswert ist zum Beispiel das Statistische Bundesamt. Für eine geringe Gebühr pro Jahr können Sie dort in der Online-Datenbank „Genesis" die Preisentwicklungen der zugekauften Produkte recherchieren.

8. Wie ist die Marktsituation?

Jetzt kommen wir zu einem entscheidenden Punkt: Die Marktsituation auf der Vertriebsseite Ihres Unternehmens. Holen Sie sich unbedingt Informationen von Ihren Verkäufern oder dem Verkaufsleiter. Stellen Sie ihnen folgende Fragen:

- Wie ist die Umsatzentwicklung in den letzten Jahren?
- Wie sieht der Planumsatz für dieses und nächstes Jahr aus?
- Welche großen Projekte stehen an?
- Wie ist die Wettbewerbssituation in unserer Branche?
- Wie ist die Preisentwicklung unserer Produkte/Leistungen?
- Was erwarten unsere Großkunden? Gibt es Druck zur Preisreduzierung?
- Welche Konditionen wurden in Verträgen mit Großkunden vereinbart?

Diese Daten verschaffen Ihnen einen Überblick über die Situation Ihres Unternehmens und der Branche. Dieser ist wichtig, um das Geschäft besser zu verstehen und Hebel für die Verhandlung mit Ihren Lieferanten zu bekommen. Verlangen beispielsweise Ihre Großkunden einen Sonderservice ohne Mehrpreis, dann können Sie das genauso von Ihren Lieferanten erwarten. Verlangen Ihre Großkunden für das kommende Jahr eine Preisreduzierung von durchschnittlich 10 %, dann können und sollen Sie diese Forderung ebenfalls als Vorgabe an Ihre Lieferanten weitergeben! Warum? Weil Sie in einem Boot sitzen und einen gemeinsamen Kunden beziehungsweise Absatzmarkt haben. Dieser gibt die Wegrichtung vor. Und wenn es um einen Preisverfall geht, sind die Lieferanten genauso gefragt, uns durch Preisreduzierungen zu unterstützten, damit das Geschäft mit dem gemeinsamen Endkunden langfristig gehalten und ausgebaut werden kann.

Die Lieferkette, auch Supply Chain genannt, zeigt dies anschaulich auf:

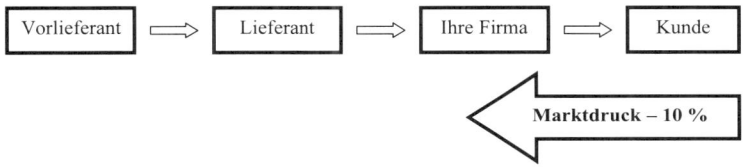

Informieren Sie sich genau bei Ihrem Vertrieb! Je besser Sie sich auskennen, desto überzeugter können Sie die Marktsituation und somit das Ziel Ihrem Lieferanten in der Verhandlung vermitteln. Je klarer und überzeugter Sie die Botschaft formulieren, desto mehr Respekt wird der Verkäufer vor Ihnen und dem gemeinsamen Ziel haben. Sie werden feststellen, dass diese Methode sogar Monopolisten überzeugen kann!

9. Gab es Qualitäts- und/oder Lieferprobleme?

Informieren Sie sich vor einer Preisverhandlung auch über die Zufriedenheit mit diesem Lieferanten. Sprechen Sie mit dem Wareneingang und der Qualitätssicherung. Rufen Sie die Lieferantenbewertung ab, um ein Bild über die Leistung zu erhalten.
Gab es größere – vom Lieferanten verursachte Qualitäts- und/oder Lieferprobleme – ist das gut zu wissen. Denn dann können Sie diese ihm quasi zu Verhandlungsbeginn aufzeigen. Am besten als Power-Point-Datei und mit einem Beamer präsentiert: Die Mängel und deren finanzielle Folgen für Sie als Kunde. Hatte sich der Verkäufer für dieses Gespräch eine Preiserhöhung vorgenommen, wird er schnell davon ablassen, da er ein schlechtes Gewissen bekommt.

Wichtig ist wieder, dass Sie sich konkret informieren. Nur aus dem Bauch heraus zu sagen: „Ihre Qualität ist so schlecht", hat keine Wirkung. Zuerst müssen Sie konkretes Know-how haben, dann können Sie es überzeugt vortragen und den anderen dafür gewinnen!

10. Gibt es einen Rahmenvertrag? Wann läuft dieser aus?

Rahmenverträge zu schließen, ist ein wichtige Maßnahme in der Beschaffung. Durch die Bündelung von Volumen bei einem Lieferanten und die damit verbundene langfristige Abnahme, erhalten Sie bessere Konditionen und die Liefersicherheit erhöht sich. Denn der Lieferant kann besser vorausplanen, kann ebenfalls Rahmenverträge mit seinen Vorlieferanten schließen und sein Produktionsverfahren optimieren.

In der Regel werden Jahresverträge geschlossen. In manchen Branchen gibt es auch Mehrjahresverträge bis hin zu Life-Time-Contracts.

Sie sollten unbedingt vor der Verhandlung den vereinbarten Rahmenvertrag genau studieren, um Missverständnissen vorzubeugen Wie ist die Kündigung geregelt? Gibt es irgendwelche Einschränkungen?

11. Sollte der Fachbereich einbezogen werden?

Ja. Es ist grundsätzlich empfehlenswert, sich vor einer Verhandlung mit der zuständigen Fachabteilung zu besprechen oder diese sogar in das Gespräch hinzuzuholen. Bei fachlichen Fragen zum Produkt oder zur Dienstleistung erreicht der Einkäufer schnell seine Grenzen.

Was die Preisverhandlung betrifft, kann die Zusammenarbeit mit dem Fachbereich über den Erfolg entscheiden. Warum? Weil in vielen Unternehmen noch am Einkauf vorbei eingekauft wird. Dieses sogenannte Maverick-Buying kann sehr schädlich für Ihr Unternehmen sein. Wie sieht dies in der Praxis aus?

Der Fachbereich

- informiert den Einkauf nicht über neue Projekte
- informiert den Einkauf zu spät über neue Projekte
- holt bereits von Lieferanten Angebote ein
- führt Gespräche mit Lieferanten
- legt sich auf einen Lieferanten fest
- macht dem Lieferanten Zugeständnisse
- vergibt den Auftrag

Nach dem Motto „Einkaufen kann doch jeder" wird diese Vorgehensweise begründet, ergänzt um den Satz „Außerdem dauert das viel zu lange, wenn es über den Einkauf geht und fachlich haben die sowieso zu wenig Ahnung."

Aus Sicht des Fachbereichs ist dessen Argumentation zu verstehen. Und es stimmt auch, dass der Einkäufer oft die Produktkenntnis nicht hat und gerne mal etwas liegen lässt. Das ist nicht zu entschuldigen. Hier sollte der Einkäufer durch Verbesserung seiner Selbstorganisation und durch das Besuchen von Produktschulungen die Lücke schließen.

Trotz dieser Einwände kann das kein Freischein sein, am Einkauf vorbei zu beschaffen. Jede Abteilung hat Ihre Stärken: Die Konstruktion in der Entwicklung neuer Produkte, die Produktion in der Optimierung der Fertigungsprozesse, Marketing und Vertrieb im Ausbau von Image, Umsatz und Marktanteil. Und der Einkauf in der kostenoptimalen Beschaffung der benötigten Güter und Dienstleistungen in der vom Markt geforderten Qualität. So einfach ist das. Jede Abteilung hat ihre Kernkompetenz und sollte sich darauf konzentrieren. Das Verteilen der eigenen Energie auf mehrere Standbeine ist nicht zu empfehlen, weil dann zu wenig Energie für die eigentliche Aufgabe übrig bleibt.
Deswegen ist es für den unternehmerischen Erfolg wichtig, die Aufgaben klar zu verteilen und abteilungsübergreifend zusammen zu arbeiten. Dies könnte in einer klar formulierten Beschaffungsrichtlinie geregelt sein. Diese Richtlinie ist für alle Mitarbeiter verbindlich und wird bei Nichteinhalten sanktioniert.

Beispiele für die Inhalte einer Beschaffungsrichtlinie:

- Der Einkauf erhält eine Übersicht über alle geplanten Projekte.
- Der Einkauf wird bei Projektstart vom Fachbereich informiert und zu allen Besprechungen eingeladen.
- Die Entscheidung über den Lieferanten wird gemeinsam gefällt
- Die Preisverhandlung obliegt dem Einkäufer.
- Die Auftragsvergabe erfolgt durch den Einkauf.
- Bei Vorliegen eines Rahmenvertrages hat der Fachbereich zu diesen Konditionen die Artikel zu beschaffen. Sämtliche Rahmenverträge sind im Intranet hinterlegt.
- Katalogartikel hat der Fachbereich elektronisch über das Internet zu bestellen.
- Liegt weder der gewünschte Artikel als Katalogartikel vor, noch ist er Inhalt eines Rahmenvertrags, kann der Fachbereich bis zu einem Wert von 500,– EUR den Artikel selbst beschaffen. Ab 500,– EUR hat der Fachbereich mittels einer Bedarfsmeldung den zuständigen Einkäufer einzuschalten.

- Bei Nichteinhalten der Richtlinie werden Lieferantenrechnungen durch den Einkauf nicht beglichen und diese an den Fachbereich zurückgegeben.

Zahlreiche Unternehmen haben bereits ähnliche – von der Geschäftsführung erlassene – Beschaffungsrichtlinien umgesetzt und damit zum großen Teil das Maverick-Buying unterbunden. Ein großer Schritt hin zum erfolgreichen Einkauf!

Empfehlenswert ist, dass Sie als Einkäufer auch auf der persönlichen Ebene die Kollegen im Fachbereich vom Sinn der neuen Organisation überzeugen. Druck erzeugt nur Gegendruck. Eine Beschaffungsrichtlinie plus die gute Zusammenarbeit mit den Fachabteilungen ist der Weg zum Erfolg.

12. Was für ein Typ ist der Verkäufer? Ist er entscheidungsbefugt?

Vor der Verhandlung sollten Sie sich auch die Eigenschaften des Verkäufers und mit ihm gemachte Erfahrungen wieder bewusst machen. Beantworten Sie folgende Fragen:

- Was für ein Typ ist der Verkäufer?
- Welche Erfahrungen habe ich bzw. andere Kollegen mit ihm gemacht?
- Welche Art von Smalltalk passt am besten?
- Was sind seine Stärken, was seine Schwächen?
- Auf was legt er besonderen Wert?
- Welche Argumente kommen bei ihm gut an?
- Welche Argumente sollte ich besser nicht mehr nennen?
- Mit welcher Strategie kamen wir damals zum Erfolg?
- Ist der Verkäufer entscheidungsbefugt? Wer sollte außerdem eingeladen werden, um eine Entscheidung herbeiführen zu können?

Nehmen Sie sich ein paar Minuten für diese persönliche Vorbereitung und fragen Sie Ihre Kollegen, die den Verkäufer auch von früheren Verhandlungen kennen. Es lohnt sich! Warum soll das Rad jedes Mal neu erfunden werden? Warum soll man jedes Mal die gleichen Fehler tun? Lernen Sie aus den Erfahrungen und nutzen Sie diese für zukünftige Situationen! Übrigens: Genauso macht es auch der Profi-Verkäufer, ehe er zu Ihnen kommt.

2.2   Wann und wo soll die Verhandlung stattfinden?

Wann soll die Verhandlung stattfinden?

Wie fühlen Sie sich nach einem guten Mittagessen um 13.00 Uhr? Gehören Sie auch zu den Menschen, die eher Konzentrationsprobleme haben, weil das Blut aus Ihrem Kopf im Magen zur Verdauung benötigt wird? Würde es da Sinn machen, eine anspruchsvolle Verhandlung auf diese Uhrzeit zu legen? Wohl kaum.

Legen Sie deswegen die Termine für Ihre Verhandlungen auf die Zeiten, an denen Sie sich persönlich fit fühlen! Das ist bei den meisten Menschen morgens um 10.00 Uhr oder nachmittags um 15.00 Uhr. Wenn das auch die beste Zeit für den Verkäufer ist – na und – dann haben Sie beide die ideale Voraussetzung für ein gutes Gespräch.

Bei der Planung der Termine können wir von Verkäufern lernen. Diese starten die Woche mit Kunden, bei denen Sie aufgrund Ihrer Erfahrung einfacher einen neuen Auftrag erhalten. Dies fördert die Motivation. Die schwierigeren Kunden kommen erst danach.

Auch wir Einkäufer sollten diese Erkenntnis nutzen: Planen Sie beispielsweise die Jahresgespräche in der Reihenfolge des Schwierigkeitsgrades. Fangen Sie mit den „einfacheren" Lieferanten an und steigern Sie, bis letztlich die Monopolisten und schwierigen Verkäufer an die Reihe kommen. Aufgrund der Erfahrungen, die Sie in den vorherigen Gesprächen gesammelt haben, können Sie dann noch souveräner die anspruchsvollen Verhandlungen führen.
Eine Frage: Wie lange dauert bei Ihnen eine typische Preisverhandlung? Eine Stunde, zwei Stunden oder gar drei Stunden? Versuchen Sie es doch mal mit dreißig Minuten und informieren Sie den Verkäufer zu Gesprächsbeginn über diesen Zeitrahmen. Erzielen Sie keine Einigung, wird das Gespräch nach diesen dreißig Minuten abgebrochen. Ob Sie dreißig Minuten oder zwei Stunden verhandeln – meist wird keine Einigung erzielt und es erfolgt eine Nachverhandlung am Telefon oder zu einem neuen Termin – aber Sie haben anderthalb Stunden Zeit gespart, die Sie sinnvoller für andere Aufgaben nutzen können.

Stellen Sie sich vor, Sie hätten heute eine wichtige Verhandlung bei sich im Unternehmen. Der Lieferant kommt und sie gehen gemeinsam in das Besprechungszimmer. Wo setzen Sie sich hin, wo platzieren Sie den Verkäufer? In den meisten Bürogebäuden ist die Raumaufteilung wie in diesem Bild aufgezeigt:

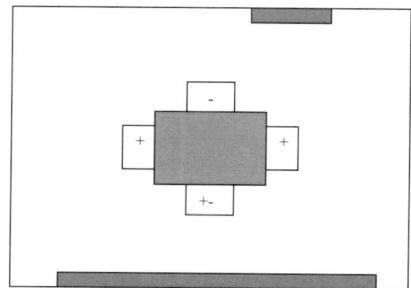

Auf einer Seite befindet sich die Tür, gegenüber die Fensterfront. Stellen Sie sich vor, in der Mitte befindet sich ein viereckiger Tisch. Sie können sich an jede der vier Seiten setzen. Welches ist der beste, welches der schlechteste Platz?

Den Platz, den Sie auf jeden Fall meiden sollten, ist der mit Blick zum Fenster und die Tür im Rücken. Warum? Weil Sie einerseits vom Sonnenlicht geblendet werden können und andererseits nicht sehen, wer zur Tür herein kommt. Letzteres hat etwas mit dem Fluchtgedanken zu tun, der tief in unserem Unterbewusstsein eingeprägt ist.
Dementsprechend müsste der beste Platz genau gegenüber sein: Fenster im Rücken und direkter Blick zur Tür. Stimmt, allerdings setzen Sie dann automatisch den anderen auf den Minusplatz. Die fairsten Plätze sind demnach die seitlichen: Jede Partei hat sowohl die Tür, als auch die Fenster auf der Seite und wird weder geblendet noch muss sie befürchten, dass von hinten eine „böse Überraschung" herein kommt.

Um keine zwei Fronten zu schaffen, kann es besser sein, den Verhandlungspartner nicht gegenüber, sondern links oder rechts neben Ihnen ums Eck herum zu platzieren. Aber achten Sie unbedingt darauf, dass die Distanz groß genug ist, damit Ihre Unterlagen nicht von ihm einge-sehen werden können.

Wie sichern Sie sich den besten Platz? Wie sorgen Sie vor, dass sich nicht der Verkäufer auf die Fensterseite setzt? Ganz einfach: Legen Sie bereits vor dem Gespräch Ihre Unterlagen auf den gewünschten Platz. An die Stelle, wo sich der Verkäufer hinsetzen soll, stellen Sie vorsorg-lich eine Kaffeetasse hin.

3.1 Die fünf Schritte der Zielerreichung

Wenn Sie die fachliche Vorbereitung abgeschlossen haben, kommt jetzt ein wichtiger, vielleicht der wichtigste Schritt: Die konkrete Zielsetzung.

1. Schritt: Fachliche Vorbereitung zur Zielfindung

Ziele zu setzen erscheint logisch. Die Erfahrung zeigt jedoch, dass nur wenige Einkäufer sich klare Ziele setzen. Viele gehen mit den Gedanken in die Verhandlung: „Das ergibt sich im Gespräch. Ich höre erst einmal heraus, was der Verkäufer bereit ist zu geben." Sie argumentieren so, um nicht Gefahr zu laufen, zu wenig gefordert zu haben. „Es könnte doch sein, dass der Verkäufer freiwillig einen höheren Nachlass nennt. Wenn ich ein zu niedriges Ziel vorher genannt habe, verspiele ich doch die höhere Einsparung.", lautet die typische Stellungnahme. Bis auf ganz wenige Ausnahmen stimmt das nicht! Denn wenn der Einkäufer sich fachlich gut vorbereitet hat (siehe Punkt 1), dann kann er aufgrund der Datenauswertung das Ziel genau festgelegen und dem Verkäufer nennen. Ein „Zieltaktieren" entfällt.

Übrigens wird ein Top-Verkäufer den Einkäufer austesten, um herauszufinden, ob der Einkäufer ein Ziel hat und wie sehr er hinter seinem Ziel steht. Wie macht er das? Er wird Sie fragen! Und wenn Sie dann nichts Konkretes nennen können oder Ihre Stimme bei der Formulierung des Ziels nicht überzeugend klingt, dann wird sein Respekt gegenüber Ihnen als Verhandlungspartner schon nachlassen. Also setzen Sie sich klare Ziele! Ein Maximalziel, mit dem Sie den Verkäufer konfrontieren, und ein Minimalziel, mit Sie letztlich einverstanden sind. Die Differenz dazwischen ist der Verhandlungsspielraum.

Stellen Sie sich vor, Sie seien auf einem Basar in Marokko. Sie wissen, dass dort gefeilscht wird. Wussten Sie schon, wie dort ein „Profi-Verhandler" über das Maximal- und Minimalziel denkt? Dann machen Sie sich einmal den folgenden, vielleicht nicht ganz ernst zu nehmenden Spruch bewusst:

Maximalziel und Minimalziel
aus Sicht eines Arabers

Sagt er „12"

meint er „10"

will er haben „8"

wird wert sein „6"

möchte ich geben „4"

werde ich sagen „2"

Die Macht von Zielen ist ein altes Wissen. Trotzdem nutzen dieses Wissen nur wenige Menschen. Dabei ist es egal ob es sich um geschäftliche oder private Ziele handelt. Bereits in den 50iger Jahren wurden Studienabgänger einer Universität in den USA befragt, ob sie sich klare und konkrete Ziele für Ihre berufliche Entwicklung gesetzt haben. Die Betonung lag dabei auf „klar und konkret". Irgendwelche weichen Ziele hatten fast alle. Die Auswertung ergab, dass nur 3 % der Studienabgänger diese Vorgabe erfüllten. Nach zwanzig Jahren wurden die Studienabgänger von damals aufgesucht, um herauszufinden, wie vermögend sie geworden sind. Die Befragung ergab, dass die 3 % von damals mit klaren Zielen finanziell mehr erreicht hatten, als der Rest zusammen!

Vor einigen Jahren wurde ein neue Studie durchgeführt. Mittlerweile hatten immerhin 5 % der Menschen klare Ziele und diese 5 % verfügten über 64 % des Volkseinkommens!

Das Ergebnis zeigt eindeutig, dass Menschen mit klaren Zielen mehr erreichen, als diejenigen, die ziellos sind, die sich treiben lassen. Dies sollte Grund genug sein, sich mit der Macht von Zielen intensiver zu beschäftigen. Um Missverständnissen vorzubeugen: Zu einem erfüllten Leben zählen natürlich alle Bereiche, nicht nur der materielle Erfolg. Ziele wie, Gesundheit und eine harmonische Partnerschaft sind genauso wichtig.

Wenn Sie einverstanden sind, dass es wichtig ist, sich Ziele zu setzen, dann können wir als nächstes auf die Kriterien eines Ziels eingehen.

Ein Ziel soll

- herausfordernd und doch erreichbar sein
- in der Gegenwart, positiv und konkret formuliert sein
- bildlich vorstellbar sein.

Wenn Sie sich nur kleine Ziele setzen, die jeder andere auch erreichen kann, ist das dann ein Erfolgserlebnis? Ganz sicher nicht. Auf der anderen Seite: Wenn Sie sich immer wieder „Power-Ziele" setzen, die absolut unrealistisch und daher nicht erreichbar sind, dann dürfen Sie sich nicht wundern, wenn Sie sich als Versager fühlen. Es gilt – je nach Situation – ein herausforderndes und trotzdem noch erreichbares Ziel zu setzen. Bei der Zieldefinition für die Einkaufsverhandlung erreichen Sie das durch eine gute fachliche Vorbereitung.

2. Schritt: Richtige Formulierung

Das zweite Kriterium für die Zielsetzung ist die richtige Formulierung. Damit Sie sich wirklich mit Ihrem Ziel identifizieren, sollten Sie darauf achten, dass es in der Gegenwart, positiv und konkret formuliert ist.

Anstatt „Ich *werde* versuchen, 2 % die Preise zu reduzieren." sagen Sie besser: „Ich reduziere die Preise um 2 %." oder „Ich schaffe es, die Preise um 2 % zu reduzieren." Das ist die Gegenwartsform. Es wurde festgestellt, dass bei dieser Formulierung die Motivation am größten ist. Je weniger Sie hinter Ihrem Ziel stehen, desto weiter werden Sie es in die Zukunft schieben und entsprechend formulieren. Die Formulierung mit der geringsten Motivation ist übrigens im Konjunktiv: „Man müsste mal versuchen, die Preise zu senken." Damit ist der Misserfolg fast vorprogrammiert. Deswegen: Formulieren Sie Ihre Ziele in der Gegenwartsform!

Mit „positiv" ist gemeint, dass Sie darauf achten, dass keine Negation in der Formulierung vorkommt. Was damit gemeint ist, erfahren Sie am besten anhand eines Beispiels: Stellen Sie sich jetzt bitte *nicht* vor, dass bei Ihnen die Tür aufgeht, eine lila Kuh hereinkommt, um Sie herumläuft, plötzlich wachsen ihr Flügel und die lila Kuh fliegt aus dem geöffneten Fenster davon. Haben Sie die Kuh jetzt wahrgenommen, obwohl ich doch sagte „Stellen Sie sich jetzt bitte *nicht* vor ..."? Sie sehen: Für unser Unterbewusstsein gibt es kein „nicht".

Wenn Sie das Einkaufsziel formulieren: „Ich möchte *nicht*, dass der Lieferant eine Preiserhöhung durchsetzt", dann programmieren Sie Ihre Unbewusstes eigentlich auf: „Ich möchte, dass der Lieferant eine Preiserhöhung durchsetzt." Also achten Sie auf eine positive Formulierung!

Weiterhin ist bei der Zieldefinierung zu beachten, dass Ihr Ziel konkret formuliert ist. Zu sagen „Es wäre schön, wenn ich vielleicht eine hohe Preisreduzierung erziele" ist nichts weiter, als eine vage Wunschvorstellung. Das hat nichts mit einem Ziel zu tun! Formulieren Sie es konkret, mit Zahlen und einem realistischen Termin, zum Beispiel: „Ich reduziere die Preise bei Lieferant X um 2 % bis spätestens TT.MM.JJ." Das ist ein konkret formuliertes Ziel.

3. Schritt: Visualisierung & Emotionalisierung

Das dritte Kriterium eines Ziels ist die Visualisierung, also die bildliche Vorstellung des erwünschten Endzustandes. Das hat nichts mit Hellsehen zu tun, sondern bedeutet lediglich, dass Sie sich das Ergebnis, wenn Sie Ihr Ziel erreicht haben, vorstellen können. So wie es Hochleistungssportler tun: Bevor diese ihre sportliche Tätigkeit ausüben, erleben sie sich mit alles Sinneskanälen im Ziel und durchleben dann in der Vorstellung den Bewegungsablauf.

Übertragen auf die Einkaufsverhandlung, sollten Sie das ebenfalls tun. Stellen Sie sich vor, wie Sie Ihr Ziel erreicht haben. Beispielsweise „sehen" Sie, wie der Lieferant Ihnen zum Abschluss der Verhandlung zunickt und sagt, dass er die Preisreduzierung akzeptiert. Spüren Sie in sich das Gefühl der Freude, es geschafft zu haben. Dies fördert Ihre

Motivation und Ausdauer. Gleichzeitig ist es eine Einwandüberprüfung. Denn wenn Sie anstatt eines nickenden Lieferanten ein verneinendes Gesicht sehen, verbunden mit einem Gefühl des Zweifelns und Unwohlsein, dann bedeutet das, dass Sie Ihr Ziel zu hoch gesetzt haben oder einfach nicht gut genug vorbereitet sind.

Spielen Sie Regisseur!

Die Visualisierung hilft Ihnen auch, noch sicherer in der Verhandlung zu sein. In einer mentalen Zukunftsschau können Sie das Gespräch schon vorab als Außenstehender durchlaufen. Hierbei geht es – ergänzend zur Zielvisualisierung – um die Bewusstmachung des Weges zum Ziel.

Machen Sie doch einmal folgende Übung: Stellen Sie sich vor, Sie seien Theaterregisseur und sitzen im Parkett. Auf der Bühne wird ein Stück gespielt. Sie sehen dort sich selbst als Einkäufer zusammen mit dem Verkäufer in der Verhandlung. Von Ihrer Sitzposition als Außenstehender beobachten Sie den Verlauf des Gesprächs und geben Ihre Ideen und Erkenntnisse – wie ein Regisseur – an den Schauspieler, der die Rolle des Einkäufers spielt, weiter. Der Einkäufer auf der Bühne nimmt Ihre Tipps wahr und probiert sie sofort aus. Sie als Zuschauer erkennen, wie die neue Vorgehensweise beim Verkäufer ankommt und können weiter korrigierend eingreifen. Wenn Sie mit dem Ablauf auf der Bühne einverstanden sind, springen Sie in Ihrer Vorstellung in den Körper des Einkäufers auf der Bühne. Sie durchleben die gefundene Lösung so lange, bis Sie sich ganz sicher fühlen. Dies erkennen Sie daran, dass Sie eine aufrechte Körperhaltung einnehmen, Ihre Stimme fest und melodisch klingt und Sie sich motiviert und zuversichtlich fühlen.

In Sachen Visualisierung ist es auch empfehlenswert, dem Verkäufer in der Verhandlung Ihr Ziel zu visualisieren. Idealerweise nutzen Sie dafür ein Flip-Chart, das in jedem Besprechungszimmer zur Verfügung stehen sollte. Nachdem Sie den Grund für das Zusammenkommen und die Marktsituation erläutert haben, könnten Sie aufstehen, zum Flip-Chart gehen und das Ziel groß in die Mitte des Blattes schreiben:

Das Flip-Chart sollte so platziert werden, dass die Verkäufer – ohne den Kopf drehen zu müssen – das Ziel ständig vor Augen haben. Vom Kopf her wollen die Verkäufer Ihr Ziel natürlich nicht akzeptieren. Doch hat sich gezeigt, dass, je länger diese Ihr Einkaufsziel sehen, sich unterschwellig immer mehr damit identifizieren und vom eigenen Ziel ablassen. Schon Pawlow erkannte vor Jahrzehnten: Die Macht des Unterbewusstseins ist die Macht der Bilder.

Außerdem sollten Sie versuchen, das erste Wort zu haben. Damit ist gemeint, dass Sie Ihr Ziel zuerst nennen und visualisieren. Damit geben Sie die Messlatte vor. Ihre Aufgabe in der Verhandlung ist dann, den Verkäufer immer wieder zu Ihrem Ziel hinzuführen, bis letztlich ein respektables Ergebnis erreicht worden ist.

Was tun Sie, wenn der Lieferant Sie schon vorher in einem Schreiben über eine Preiserhöhung informiert hat? Bisher haben Sie diese Forderung bestimmt in einem Antwortschreiben abgelehnt. Gut. Jetzt setzten Sie noch eines oben drauf und formulieren in Ihrem Antwortschreiben auch Ihr eigenes Ziel und konfrontieren den Lieferanten damit. Erklären Sie die Marktsituation und leiten Sie über zu Ihrem Ziel. Fordern Sie Ihren Lieferanten auf, Vorschläge zu erarbeiten, wie Sie gemeinsam dieses Ziel erreichen werden. Diese Vorschläge soll der Lieferant in die Verhandlung mitbringen. Zu Beginn der Verhandlung erklären Sie nochmals die Marktsituation konkret, leiten über zum Ziel und visualisieren es auf dem Flip-Chart. Danach hören Sie sich interessiert die Vorschläge an, die Ihnen der Lieferant mitgebracht hat. So übernehmen Sie von Anfang an die Zügel in der Verhandlung.

Muster eines Abwehrschreibens mit Zielformulierung

Sehr geehrte Damen und Herren,

wir bestätigen den Eingang Ihres Schreibens vom xx.yy.zz und teilen Ihnen mit, dass wir Ihren Preiserhöhungswunsch aus folgenden Gründen ablehnen:

Wie Sie wissen, macht der globale Wettbewerb auch vor unserer Branche nicht halt. Unsere Kunden erwarten eine Wettbewerbsfähigkeit, die internationalem Maßstab entspricht. Diese Vorgabe ist nur durch eine ständige Verbesserung der Kostensituation zu erreichen. Da ein Großteil der Kosten in der Beschaffung entsteht, schaffen wir dies nur gemeinsam mit Ihnen.

Aktuell fordern unsere Großkunden für das kommende Jahr Preisreduzierungen in Höhe von 10 %. Bitte teilen Sie uns mit, durch welche Maßnahmen der Kostenreduzierung Sie uns bei der Erreichung dieses Ziels unterstützen können. Bitte senden Sie Ihre Vorschläge mit Einsparungspotenzial bis zum xx.yy.zz.

Bei Rückfragen stehen wir Ihnen gerne zur Verfügung.

Mit freundlichen Grüßen

4. Schritt: Etappenziel planen

Wenn die Kriterien Ihres Ziels erfüllt sind, lautet der nächste Schritt die Etappenziele zu planen beziehungsweise die Strategie festzulegen. Darauf gehen wir in Punkt 7 ein.

5. Schritt: Realisierung

Nach der Planung kommt der letzte Schritt: Die Realisierung. Kommen Sie ins Handeln, nur dann werden sich auch die Erfolge einstellen! Bleiben Sie dran, mit Geduld und Beharrlichkeit!

Die 5 Schritte der Zielerreichung:

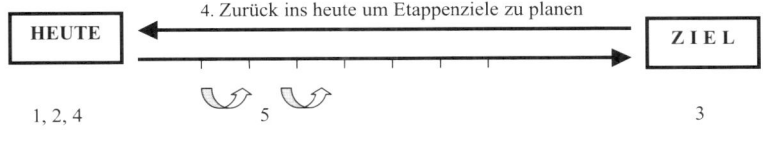

1, 2, 4   5   3

1. Fachliche Vorbereitung zur Zielfindung
2. Richtige Formulierung
3. Visualisierung & Emotionalisierung
4. Etappenziele planen (Strategie)
5. Realisierung

3.2   Wie ist Ihre Einstellung? Wie ist Ihre Motivation?

Wie ist Ihre Einstellung zum Verhandeln? Macht es Ihnen Spaß zu verhandeln? Auch mit schwierigen Verhandlungspartnern? Bereitet Ihnen Ihr Beruf, Einkäufer zu sein, Freude?

Sie sollten auf jeden Fall „ja" sagen. Natürlich gibt es manchmal Situationen, die eher unangenehm sind. Entscheidend ist, wie Sie grundsätzlich über Ihren Beruf, Ihre Firma und das Verhandeln denken. Sie sollten unbedingt eine positive Grundeinstellung in sich tragen. Erkennen tun Sie das daran, wie Sie denken. Beobachten Sie doch einmal Ihre Glaubenssätze.

Gedanken eines Einkäufers mit einer positiven Einstellung (Plus-Mensch):

„Mir bereitet meine Arbeit Spaß. Was mir besonders an meinem Beruf gefällt ist, dass ich immer mit Menschen zu tun habe, viel reise und Verantwortung für einen Großteil der unternehmerischen Kosten trage. Ich bin nicht nur ein Preisverhandler, sondern beschäftige mich auch mit Kosten- und Wertanalysen.

Indem ich kostenoptimal einkaufe, leiste ich einen wertvollen Beitrag für den Erfolg meines Unternehmens. Dadurch steigern wir die Wettbewerbsfähigkeit, sichern die Arbeitsplätze und das langfristige Überleben unseres Unternehmens. Für mich ist Verhandeln eine Herausforderung, auch bei schwierigen Gesprächspartnern. Ich bereite mich intensiv auf die Verhandlung vor und gebe mein Bestes."

Gedanken eines Einkäufers mit einer negativen Einstellung (Minus-Mensch):

„Es wird jeden Tag schlimmer bei uns in der Firma. Der Druck von oben nimmt ständig zu. Wir haben oft mit Monopolisten zu tun, die Preiserhöhungen durchsetzen. Wir als kleiner Kunde haben doch sowieso keine Chance. Während Verhandlungen fühle ich mich unwohl. Bei Einwänden weiß ich nicht, was ich sagen soll. Ich fühle mich dann oft dem anderen unterlegen. Misserfolge belasten mich noch Tage danach. Warum bin ich eigentlich Einkäufer geworden? Ich wollte doch etwas ganz anderes werden."

Klingt das zu hart? Dann machen Sie doch einmal folgenden Selbsttest:

Testen Sie Ihre Motivation

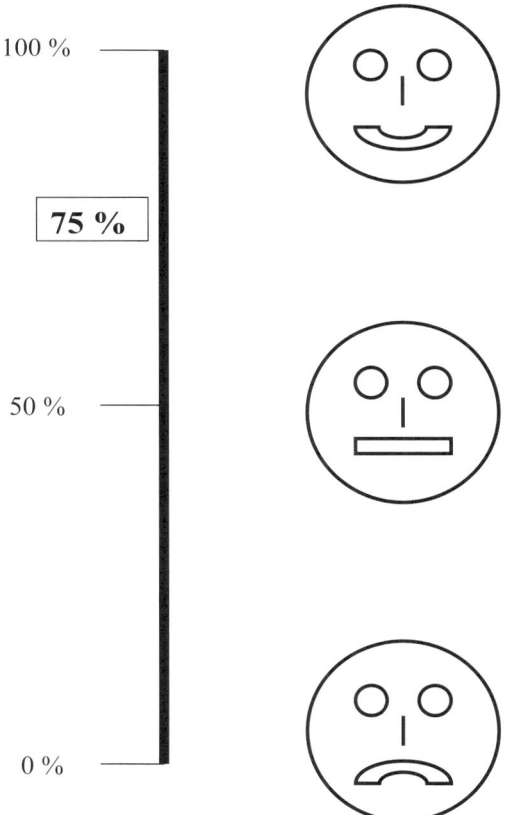

Stufen Sie sich in dieser Skala mehrmals ein:

1. Wie zufrieden sind Sie mit dem Unternehmen, für das Sie aktuell tätig sind?
2. Wie zufrieden sind Sie mit Ihrer Berufswahl, Einkäufer zu sein?
3. Wie sehr macht Ihnen das Verhandeln Spaß?

Je zufriedener Sie sind, desto höher ist Ihre Zahl. 100 % ist das Maximum, 0 % das Minimum. Wie stufen Sie sich ein?

Es gibt eine Faustregel, die besagt, dass es mindestens zu 75 % im Leben stimmen sollte – egal um welchen Lebensbereich es sich handelt. Sei es die Entscheidung über ein Urlaubsziel oder die Anschaffung eines Neuwagens. Das Gleiche gilt für die Entscheidung über den richtigen (Lebens-)Partner oder Beruf.

Welches Ergebnis haben Sie angegeben? Sind es 75 % oder mehr? Wenn ja, dann müsste Ihre Motivation entsprechend hoch sein. Wenn nein, dann sollten Sie unbedingt etwas ändern. Sind Sie grundsätzlich von Ihrer Berufswahl, Einkäufer zu sein, überzeugt, nur fühlen Sie sich in der Firma, in der Sie aktuell tätig sind, unwohl, dann sollten Sie etwas verändern. Zuerst intern, doch wenn Sie feststellen, dass die Situation oder das Arbeitsklima nicht besser wird, dann müssen Sie eine Entscheidung treffen: Verabschieden Sie sich aus diesem Unternehmen und gehen Sie dorthin, wo es Ihnen besser gefällt!

Stellen Sie fest, dass Sie mit Ihrer Berufswahl absolut daneben liegen, dass der Beruf des Einkäufers Sie überhaupt nicht erfüllt, dann empfehle ich Ihnen zwei Schritte zu tun:

1. Machen Sie sich zuerst die Vorteile und den Nutzen des Berufes „Einkäufer" bewusst. Plötzlich erkennen Sie vielleicht wieder den Wert und das motiviert Sie.

2. Prüfen Sie, ob Sie durch Übernahme von mehr Verantwortung oder eine Veränderung doch Freude an diesem Beruf gewinnen können. Falls ja, dann gehen Sie auf Ihren Vorgesetzten zu.

Stellen Sie nach diesen Schritten immer noch fest, dass Sie den falschen Beruf gewählt haben, dann macht das auch nichts: Sie haben hier und jetzt die Möglichkeit, Ihren wahren Beruf zu finden und eine Entscheidung zu treffen: Gehen Sie und tun Sie das, was Ihnen wirklich Spaß macht, was Sie wirklich erfüllt. Man nennt dies auch: „Vom Beruf zur Berufung".

Wie erkennen Sie das? Ganz einfach: Durchleben Sie mental, wie Sie in Ihrem neuen Beruf tätig sind und achten Sie dabei auf Ihre Gefühle. Diese sollten angenehm und motivierend sein. Wenn Sie morgens aufstehen, freuen Sie sich auf den Tag, sind voller Motivation und Tatenkraft. Ihr Beruf wird zum Hobby. Sie haben Ihre wahre Aufgabe gefunden.

Natürlich gibt es in jedem Berufsbild auch Phasen mit geringerer Motivation. Doch wenn Sie zu 75 %, besser zu 80 %, sicher sind, dass Sie Ihren Weg gefunden haben, dann bleiben Sie auch dran und machen weiter, egal welche Hürden auf dem Weg zum Erfolg kommen sollten.

Warum sprechen wir über dieses Thema? Weil es hier um Ihre Einstellung geht. Gehören Sie zu den positiv denkenden oder zu den negativ denkenden Menschen? Nur dann, wenn Sie hinter Ihrer Firma und Ihrem Beruf stehen, wird Ihre Grundeinstellung positiv sein. Dann sind Sie motiviert und überzeugt, gute Ergebnisse erzielen zu können. Das ist Voraussetzung für den Verhandlungserfolg.

Falls Sie sich ab und zu verwischen, dass negative Gedanken hochkommen, ist das in Ordnung. Spüren Sie aber, dass die negativen Gedanken überwiegen, dann wird das Ihren Erfolg blockieren. Deswegen wandeln Sie unbedingt die negativen Gedanken in positive Glaubenssätze um. Hilfreich hierbei ist die Autosuggestion nach Emile Coué.

> *„In Dir muss brennen, was Du in anderen entzünden willst!"*
>
> Augustinus

3.3 Nutzen Sie die Autosuggestion!

> *Jeder kann erstaunliche Erfolge erzielen, wenn er die tiefsten Schichten seiner Psyche gezielt für sich arbeiten lässt.*
>
> Napoleon Hill

Autosuggestion ist der Prozess, durch den eine Person ihr Unterbewusstsein trainiert, an etwas zu glauben. Dies wird erreicht durch wiederholte Selbst-Affirmationen. Die Akzeptanz von Autosuggestionen durch den Geist kann durch mentale Visualisierung verbunden mit der entsprechenden Emotion beschleunigt werden. Der Erfolg der Autosuggestion wird umso wahrscheinlicher, je intensiver und länger sie wiederholt wird.

Indem wir bestimmten Gedanken, Vorstellungen und Emotionen gestatten, unser Bewusstsein zu beherrschen, haben wir die Möglichkeit, das Unterbewusstsein im gewünschten Sinne zu beeinflussen. Dabei ist es gleichgültig, ob es sich um positive oder negative Gedanken handelt, entscheidend ist, was wir zulassen. Wir können unsere Gedanken und somit unsere Einstellung verändern.

Wenn Sie negative Gedanken in positive Gedanken umwandeln möchten, dann erfolgt dies in mehreren Schritten:

1. Machen Sie sich Ihre negativen Gedanken bewusst und schreiben Sie diese auf.
2. Überlegen Sie sich, welche Gedanken Sie stattdessen zukünftig haben wollen und schreiben Sie diese auf.
3. Lesen Sie täglich zweimal laut – am besten zur gleichen Zeit – die neuen Formulierungen und verbinden Sie diese mit dem Gefühl, Sie seien bereits im Besitz der angestrebten Gedanken.
4. Ergänzend können Sie die neuen Formulierungen auf eine MC oder CD aufnehmen und sie dann immer wieder anhören, zum Beispiel abends beim Schlafen gehen oder morgens im Auto auf dem Weg zur Arbeit.

Das ständige Wiederholen dieser Methode über einige Wochen, wird Ihre Gedanken und somit Ihre Einstellung verändern. Sie werden feststellen, dass die negativen Gedanken immer seltener hochkommen und dafür die erwünschten Formulierungen selbstverständlicher Bestandteil Ihres Denkens werden. Das führt zu mehr Wohlbefinden, Vertrauen und Motivation.

Sie können diese Methode auch in abgewandelter Form anwenden, um negative Gedanken gegenüber einem schwierigen Verhandlungspartner zu verändern.

Verändern Sie Ihre Einstellung zum Verhandlungspartner:

1. Machen Sie sich bewusst, welche Eigenschaften des Verhandlungspartners Sie stören, was sie dabei empfinden und wie Sie darauf reagieren. Notieren Sie sich das.
2. Überlegen Sie sich, wie Sie zukünftig auf das Verhalten des Verhandlungspartners reagieren möchten. Notieren Sie sich das.
3. Überlegen Sie sich, wie Sie Ihren Verhandlungspartner zukünftig erleben möchten. Schreiben Sie das auch auf.

4. Lesen Sie täglich zweimal laut – am besten zur gleichen Zeit – Ihr neues Verhalten und wie Sie den Verhandlungspartner erleben möchten. Durchleben Sie das in Ihrer Vorstellung, wie als wäre es bereits so.
5. Ergänzend können Sie die neuen Formulierungen auf eine MC oder CD aufnehmen und sie dann immer wieder anhören, zum Beispiel abends beim Schlafen gehen oder morgens im Auto auf dem Weg zur Arbeit. Es ist gut, sich außerdem immer wieder den neuen Zustand vorzustellen.

Übung macht den Meister! Probieren Sie es aus und Sie werden feststellen, dass zum einen sich Ihr Verhalten in der Verhandlung ändert und zum anderen Sie den Verhandlungspartner anders – in einer für Sie angenehmeren Form – erleben. Das schafft Sicherheit und Souveränität.

Die SWG-Übung

Passiert es Ihnen manchmal, dass Sie sich gegenüber einem schwierigen Lieferanten eher klein und machtlos fühlen? Insbesondere dann, wenn eine Abhängigkeit bis hin zur Monopolsituation besteht? Sie wissen, dass Sie nicht einfach so wechseln können? Das weiß auch Ihr Lieferant und tritt deswegen sehr selbstsicher bis arrogant in der Verhandlung auf?

Schlecht wäre es, wenn Sie sich jetzt selbst herunterziehen und klein machen, nach dem Motto: „Ich habe doch eh keine Chance." Das spürt der geschulte Verkäufer an Ihrer Stimme, Körperhaltung sowie Ihrem Verhalten und wird es zu seinem Vorteil ausnutzen. Deswegen sollten Sie sich innerlich stark machen, um – trotz der schwierigen Ausgangssituation – souverän verhandeln zu können.

Es gibt eine gute Übung, um herauszufinden, wie es sich um Ihr Selbstwertgefühl verhält:

Zeichnen Sie auf einem Blatt Papier in der Mitte eine Linie. Stellen Sie sich dann Ihren Vater auf der rechten Hälfte vor. Auch wenn Ihnen das seltsam erscheint, machen Sie bitte einfach mit. Falls Ihr Vater bereits verstorben sein sollte, funktioniert sie trotzdem, denn Sie haben doch eine Erinnerung an ihn. Also „sehen" Sie jetzt einmal Ihren Vater in voller Größe auf der rechten Seite von dieser Linie. Jetzt zeichnen Sie auf der linken Seite von der Linie sich selbst ein. Wie sehen und erleben Sie sich selbst im Vergleich zu Ihrem Vater? Es geht hierbei nicht um die körperliche Größe, sondern um Ihr Selbstwertgefühl. Man könnte auch sagen, wie innerlich groß fühlen Sie sich im Vergleich zu Ihrem Vater? Größer, kleiner oder befinden Sie sich mit ihm auf einer Ebene? Wenn Sie sich eher klein fühlen, dann kann dafür die strenge Erziehung und die autoritäre Persönlichkeit Ihres Vaters die Ursache sein.

Merken Sie sich die Positionen und wischen Sie jetzt die beiden in Ihrer Phantasie wieder vom Papier.

Test: Selbstwertgefühl

Übung A:

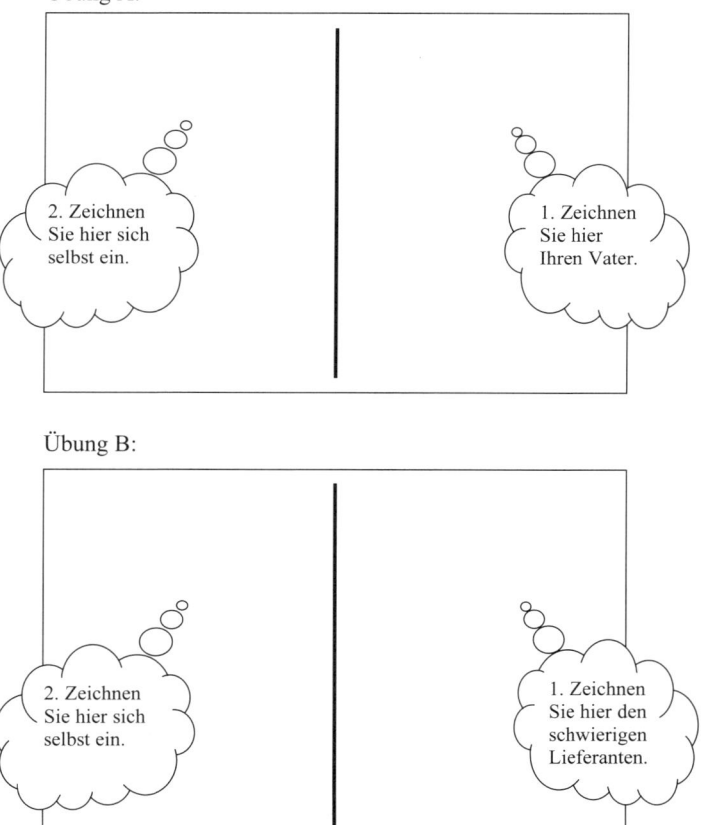

Übung B:

Stellen Sie sich nun vor, Sie „sehen" auf der rechten Seite Ihre Mutter in voller Größe. Zeichnen Sie sich nun wieder links daneben. Wie groß fühlen Sie sich im Vergleich zu Ihrer Mutter? Größer, kleiner oder gleich groß? Merken Sie sich wieder die Positionen und wischen Sie jetzt die beiden in Ihrer Phantasie wieder vom Papier.

Stellen Sie sich nun vor, Sie „sehen" auf der rechten Seite Ihren Chef in voller Größe. Zeichnen Sie sich nun wieder links daneben. Wie groß fühlen Sie sich im Vergleich zu Ihrem Chef? Merken Sie sich wieder die Positionen und wischen Sie jetzt die beiden in Ihrer Phantasie wieder vom Papier.

Stellen Sie sich nun zum Abschluss vor, Sie „sehen" auf der rechten Seite Ihren schwierigen Lieferanten in voller Größe. Zeichnen Sie sich nun wieder links daneben. Wie groß fühlen Sie sich im Vergleich zu diesem Menschen? Größer, kleiner oder gleich groß?

Wenn Sie bei dieser Übung des öfteren den anderen größer gesehen haben, als sich selbst, dann könnte das bedeuten, dass Ihr Selbstwertgefühl nicht optimal ist. Gleiches gilt, wenn Sie den anderen immer kleiner sehen, als sich selbst. Wann glauben Sie, kommunizieren wir am besten? Natürlich dann, wenn wir mit dem anderen auf einer Ebene sind. Deswegen sollten Sie Ihr Selbstwertgefühl stärken. Holen Sie den anderen von dem Podest, wo Sie ihn selbst hingestellt haben! Die Beantwortung zweier Fragen hilft Ihnen dabei:

1. Worin ist der andere vermeintlich besser als ich?
2. Worin bin ich besser als der andere?

Wenn Sie diese Fragen ehrlich vor sich selbst beantworten, werden Sie feststellen, dass jeder von uns Stärken und Schwächen hat. Wollen Sie Ihr Selbstbild verändern, verlangt das, dass Sie Ihre Schwächen akzeptieren und sich auf Ihre Stärken konzentrieren. Doch was sind Ihre Stärken? Schreiben Sie doch einmal mindestens zehn Dinge auf, die Sie gut können. Was sind Ihre Talente? Was sind Ihre Stärken? Bringen Sie Ihr Selbstbild in ein gesundes Gleichgewicht!

3.4   Lernen Sie zu entspannen!

Um als Top-Einkäufer erfolgreich und gesund zu bleiben, ist es wichtig, dass Sie sich entspannen können. Die zielorientierte und fordernde Einstellung des Power-Einkäufers macht deutlich, dass auch er über eine gewisse innerliche Anspannung verfügt. Diese ist gut, um motiviert nach vorne zu gehen, andere zu begeistern und sich von Niederlagen nicht umwerfen zu lassen. Es handelt sich um eine „gesunde" innerliche Anspannung.

In Verbindung mit der heute allgemein hektischen Zeit und den anspruchsvollen Vorgaben seitens des Managements, kann dieses Gleichgewicht jedoch ins Wanken kommen: Der innere Druck nimmt zu. Diese ständige „ungesunde" innerliche Anspannung kann sich schädlich auf unsere Gesundheit auswirken.

Deswegen lernen Sie zu entspannen! Es gibt zahlreiche Möglichkeiten, um im Gleichgewicht zu bleiben, zum Beispiel:

- Bewegen Sie sich und treiben Sie regelmäßig Sport! Mindestens zweimal pro Woche. Am besten an der frischen Luft: Laufen, Radfahren, Gymnastik, ...
- Ernähren Sie sich gesund und reduzieren Sie Genussmittel, wie Kaffee oder Tabak! Gerade diese beiden Genussmittel erhöhen zusätzlich die Nervosität. Trinken Sie stattdessen viel Wasser, am besten ohne Sprudel.
- Denken Sie an Ihre Familie und Freunde. Planen Sie Zeit ein, um etwas gemeinsam zu unternehmen – regelmäßig.
- Besuchen Sie einen Kurs in Autogenem Training oder Meditation und wenden Sie die gelernten Methoden täglich an! Es gibt viele Anbieter. Fangen Sie doch einfach mit einem Kurs bei der Volkshochschule an. Geben Sie am besten jetzt gleich in einem Suchprogramm im Internet „Autogenes Training" ein. Sie finden den richtigen Kurs für sich. Es lohnt sich! Nehmen Sie das ernst! Wenn Sie Zweifel haben, dann machen Sie sich bewusst, dass viele Top-Manager und Hochleistungssportler dieses Wissen für sich nutzen.

Je größer der Stress, desto flacher unsere Atmung. Durch diese flache Atmung wird unsere Stimme höher und die Energiezufuhr in unser Gehirn gebremst. Durch das tiefe Atmen entspannen Sie sich und versorgen Ihr Gehirn wieder mit ausreichend Energie.

Ein Beispiel für eine Entspannungsübung:

Atmen Sie tief durch den Bauch (Zwerchfellatmung). Legen Sie dabei eine Hand auf den Bauch. Spüren Sie, wie sich Ihr Bauch beim Einatmen hebt und beim Ausatmen senkt.

Atmen Sie langsam ein und zählen Sie bis drei. Dann halten Sie den Atem an und zählen dabei wieder bis drei. Jetzt lassen Sie den Atem wieder weichen und zählen dabei bis fünf. Wiederholen Sie diese einfache Übung so lange bis Sie sich entspannter fühlen. Profis schaffen das übrigens innerhalb eines Durchgangs!

4.1   Smalltalk

Smalltalk ist für den Verkäufer sicher ein wichtiges Thema. Schließlich will er etwas verkaufen und sich das Geschäft langfristig sichern. Deswegen wird er sich von seiner besten Seite zeigen. Dabei spielt auch die lockere Konversation eine Rolle. Es geht darum, vor Verhandlungsbeginn ein angenehmes Gesprächsklima aufzubauen, um den Übergang zur eigentlichen Preisverhandlung harmonisch zu gestalten. Wie macht der Verkäufer das? Er wird während und nach der Begrüßung auf Dinge zu sprechen kommen, die mit dem eigentlichen Thema nichts zu tun haben. Zum Beispiel erzählt er ...

- von seiner Anfahrt und dem Verkehrschaos
- wie schön/schlecht das Wetter ist
- in was für einer tollen Stadt oder Umgebung Sie leben
- über ein aktuelles Fußballspiel oder Formel-1-Rennen (wenn er von früheren Gesprächen weiß, dass Sie das interessiert)
- über ein positives Ereignis in der Firma

Natürlich wird der Verkäufer Sie auch einbeziehen, indem er fragt ...

- wie es Ihnen geht
- wie zufrieden Sie mit dem aktuellen Fußballspiel oder Formel-1-Rennen waren (wenn er von früheren Gesprächen weiß, dass Sie das interessiert)
- wie Ihr Urlaub war
- was es Neues in Ihrer Firma gibt

Der Profi-Verkäufer wird Themen über Politik, Religion und Krankheit meiden und nicht abfällig über Dritte reden.
Für den Einkäufer hat das Thema eher eine sekundäre Bedeutung. Trotzdem ist es auch für ihn empfehlenswert, die oben genannten Beispielthemen ins Spiel bringen zu können, ehe es mit der eigentlichen Verhandlung losgeht. Schließlich ist das ein Zeichen für Kommunikationsfähigkeit und Respekt gegenüber dem anderen.

4.2 Knigge für Einkäufer

Mit „Knigge" ist gemeint, dass auch der Einkäufer Umgangsformen, die richtige Kleidung und Ästhetik beachten sollte. Was für den Verkäufer selbstverständlich ist, sollte auch zur Grundeinstellung des Einkäufers gehören: Korrekt aufzutreten.

Beispielhaft einige Dinge, die Sie beachten sollten:

- Seien Sie pünktlich und zuverlässig! (Das erwarten Sie doch auch)
- Seien Sie höflich! Bieten Sie z.B. dem Verkäufer an, dass er sich – obwohl aufgrund eines Staus vielleicht mit Verspätung angekommen –noch frisch machen kann.
- Positionieren Sie den Verkäufer auf einen der fairen Plätze am Tisch!
- Stellen Sie Getränke bei einer längeren Verhandlung bereit!
- Nehmen Sie den anderen bewusst wahr und halten Sie Blickkontakt!
- Reden Sie weniger in der „Ich-Form", sondern mehr in „wir" und „Sie"!
- Stellen Sie Fragen und hören Sie dem anderen aufmerksam zu!
- Würdigen Sie die Leistungen des Verhandlungspartners!
- Respektieren Sie die Meinung anderer und stehen Sie zu Ihrer Meinung!
- Sprechen Sie etwas lauter! (wer zu leise spricht, gilt als unsicher)
- Meiden Sie Minus-Worte, wie „aber", „Ich kann nicht", „Ich weiß nicht", „Es kommt darauf an". Zum Beispiel anstatt „Das hat damit überhaupt nichts zu tun", sagen Sie besser: „Mir geht es um folgendes ..."
- Erst Begründung, dann Frage stellen: Anstatt: „Könnten Sie Ihre Frage konkretisieren?", sagen Sie besser: „Ich habe Ihre Frage nicht verstanden. Könnten Sie diese bitte wiederholen?"

4.3 Kleiner Exkurs zur Körpersprache

Sie können in zahlreichen Büchern viel über die Körpersprache erfahren. Da es dabei auch immer wieder zu Missverständnissen und Fehldeutungen kommt, gehen wir in diesem Buch nur auf grundsätzliche Erkenntnisse ein.

Tipps für Ihre Körpersprache:

Grundsätzliches:
- Achten Sie auf ein gepflegtes Äußeres!
- Kleiden Sie sich – der Erwartungshaltung des anderen entsprechend – angemessen! Es kann nicht sein, dass der Verkäufer im Anzug kommt und Sie mit Jeans und Sweatshirt antreten. Als männlicher Einkäufer sollten Sie auf jeden Fall auch einen Anzug bzw. eine Kombination mit passender Krawatte tragen. Ihr Jackett können Sie eventuell nach der Begrüßung ausziehen. Für die Damen gilt diese Regel entsprechend.
- Haben Sie einen festen und trockenen Händedruck! Durch Entspannungsübungen erreichen Sie das (siehe oben).
- Lassen Sie „Putzgesten", wie Haare streichen, Nase reiben, Brille rücken.
- Halten Sie Blickkontakt!
- Vermeiden Sie (unbewusstes) Kopfschütteln und Schulterzucken!

Im Stehen:
- Gehen Sie aufrecht und dynamisch, aber stehen Sie ruhig!
- Nicht die Hände hinter dem Rücken verstecken, sondern vor dem Körper mit angewinkelten Armen auf Oberbauchhöhe halten.
- Hände nicht verschlossen halten, sondern locker ineinander gelegt.
- Hände nicht in Hosentaschen. Eine Hand für einen Moment ist in Ordnung.
- Hände nicht in Hüften. Eine Hand für einen Moment ist in Ordnung.
- Arme nicht verschränkt vor dem Körper. Für einen Moment in Ordnung.
- Haben Sie grundsätzlich eine offene Gestik, mit weiten Armbewegungen.

Im Sitzen:
- Sitzen Sie aufrecht! Das wirkt sicher und verbessert die Stimmklarheit.
- Lassen Sie Ihre Hände immer oberhalb des Tisches!
- Arme nicht verschränkt vor dem Körper. Für einen Moment in Ordnung.
- Oberkörper nach vorne gebeugt: Zeigt Interesse.
- Oberkörper nach hinten gelehnt: Zeigt Desinteresse.
- Stellen Sie Ihre Füße auf den Boden.

Beachten Sie Ihre Wirkung auf andere:

- 55 % Körpersprache und Aussehen
- 38 % Stimme und Sprechtechnik
- 7 % Inhalt und Sprache

(aus: „Silent Messages" von Prof. Albert Mehrabian)

Außerdem ist es wichtig, dass Sie bestimmte Distanzzonen zum Gesprächspartner berücksichtigen. In zahlreichen Untersuchungen haben sich die Folgenden Distanzzonen als Empfehlung ergeben:

Intim-Distanz	0,0 – 0,4 m
Verhandlungs-Distanz	0,4 – 1,5 m
Gesellschaftliche Distanz	1,5 – 3,0 m
Vortrags-Distanz	ab 3,0 m

Intim-Distanz
In diese Distanzzone des Verhandlungspartners sollten Sie nicht eindringen, da ein Blickkontakt schwierig wird und Sie aufdringlich wirken. Treten Sie dem anderen zu nahe, wird dieser automatisch zurückweichen. Um die Distanz zu finden, strecken Sie gedanklich Ihren Arm aus. Wenn Sie dann Ihren Gesprächspartner berühren, sind Sie in seine Intimzone eingedrungen.

Verhandlungs-Distanz
In diese Entfernung, auch persönliche Distanz genannt, sollten Sie eintreten beim Verhandeln und dem persönlichen Gespräch. Verkäufer sagen, dass eine erfolgreiche Verkaufsverhandlung, bei der die Entfernung vier oder fünf Meter beträgt, kaum vorstellbar ist. Für uns Einkäufer bedeutet das: Möchten Sie bewusst dem Verkäufer Ihre Distanz signalisieren, sollten Sie den Abstand erhöhen. Geht es um die partnerschaftliche Lösungsfindung auf ein gemeinsames Ziel hin, dann ist es besser, näher zu sitzen.. Zum Beispiel über Eck, aber niemals nebeneinander, damit der Verkäufer Ihre Unterlagen nicht einsehen kann.

Gesellschaftliche Distanz
Diese Entfernung wird bei hochoffiziellen Anlässen bevorzugt. Für das Verhandlungsgespräch ist diese Zone eher zu vernachlässigen.

Vortrags-Distanz

Dieser Abstand, auch Ansprache-Distanz genannt, ist wichtig für Sie, wenn Sie eine Rede halten. Nur so können Sie den Blickkontakt zu allen Teilnehmern aufrechterhalten und spüren, ob die Zuschauer Ihnen folgen können. Für uns Einkäufer bedeutet das: Wenn Sie am Flip-Chart die Lieferkette, den Marktdruck und das sich daraus ergebende Verhandlungsziel präsentieren, sollten Sie und das Flip-Chart ca. 3 m von den Zuschauern entfernt sein. Achten Sie jedoch unbedingt darauf, dass Sie möglichst groß schreiben, um das Lesen für die Teilnehmer zu vereinfachen.

4.4   Die Überleitung zum Ziel

Nachdem Sie den Smalltalk beendet haben, sollten Sie jetzt auf das eigentliche Thema überleiten. Doch wie machen Sie das? Sagen Sie nur „Sie sind zu teuer!", wäre wohl nicht der empfehlenswerte Weg. Im Folgenden gehen wir auf einige in der Praxis bewährte Möglichkeiten ein.

1. Der Einstieg über den Wettbewerb

Dieser klassische Einstieg funktioniert fast immer. Voraussetzung ist, dass es Wettbewerb gibt und Sie den Markt geprüft haben. Ein Bluff rächt sich meistens schnell. Deswegen schaffen Sie vorher Fakten, wie es im Teil „Die fachliche Vorbereitung" vermittelt worden ist. Formulieren könnten Sie es dann in der Verhandlung so:

„Wir haben einen Angebotsvergleich durchgeführt. Bei gleicher Qualität liegt der günstigste Lieferant 10 % unter Ihrem Preis. Was können Sie noch tun?"

2. Der Einstieg über vom Lieferanten verursachte Probleme

Prüfen Sie unbedingt rechtzeitig vor der Verhandlung, welche Probleme es mit dem Lieferanten gab. Lieferte er mehrmals unpünktlich und/oder in mangelnder Qualität? Mussten wir vielleicht sogar deswegen woanders teurer einkaufen? Dann sollten Sie ihm das konkret aufzeigen und als eine Möglichkeit zum Einstieg in die Preisverhandlung nutzen.

3. Der Einstieg über den Marktdruck

Dieses Thema hatten wir bereits bei der fachlichen Vorbereitung besprochen. Da dieser Einstieg vielleicht der wichtigste ist, wiederholen und vertiefen wir ihn hier.

Verlangen zum Beispiel die Großkunden von Ihrem Vertrieb für das kommende Jahr eine Preisreduzierung von durchschnittlich – 10 %, dann können und sollen Sie diese Forderung ebenfalls als Vorgabe an Ihre Lieferanten weitergeben! Warum? Weil Sie in einem Boot sitzen und einen gemeinsamen Kunden beziehungsweise Absatzmarkt haben. Dieser gibt die Wegrichtung vor. Und wenn es um einen Preisverfall geht, sind die Lieferanten ebenso gefragt, Sie durch Preisreduzierungen zu unterstützten, damit das Geschäft mit dem gemeinsamen Endkunden langfristig gehalten und ausgebaut werden kann.

Visualisieren Sie dem Lieferanten die Lieferkette und das Ziel:

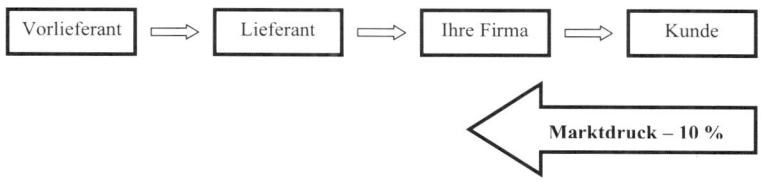

Formulieren könnten Sie gegenüber dem Lieferanten beispielsweise so:

„Wie Sie wissen, sehr geehrter Herr Verkäufer, haben wir gemeinsame Kunden. Und diese Kunden erwarten für das kommende Jahr eine Preisreduzierung von im Schnitt – 10 %. Da ein Großteil der Kosten bei unseren Lieferanten entsteht, erreichen wir diese Vorgabe nur mit ihrer Hilfe. Nur wenn wir unseren gemeinsamen Kunden zufrieden stellen, werden wir diesen langfristig halten können. Was schlagen Sie vor, wie wir das Ziel von – 10 % gemeinsam erreichen können?"

Falls Ihr Unternehmen in der außergewöhnlichen Lage ist, dass weder Großkunden noch der Absatzmarkt Preisreduzierungen fordern, dann funktioniert die Argumentation in dieser Version nicht. Falls Ihr Unternehmen sogar regelmäßig Preiserhöhungen durchsetzen kann, noch weniger. Überlegen Sie in diesem Fall, wie Sie Preisdruck anderweitig entstehen lassen können. Eine bewährte Möglichkeit ist der Einbezug der höheren Instanz, d.h. Ihre Geschäftsführung fordert vom Einkauf die Preise um −x % zu senken. Dann ist es nicht der Markt oder der Großkunde, der die Forderung stellt, sondern die Geschäftsführung. Diese Version ist zwar nicht so brisant, aber doch hilfreich, um den Lieferanten „auf die gemeinsame Sache einzuschwören".

4. Der Einstieg über die Lieferantenkonzentration

Motivation erfolgt bekanntlich durch Anwendung von Zuckerbrot und Peitsche. Nur mit Freude, beziehungsweise nur mit Angst zu motivieren, reicht oft nicht aus. Ideal ist die Kombination aus beiden.

Als Einstieg in die Preisverhandlung kann deswegen auch gut das Thema „Lieferantenkonzentration" funktionieren. Ein Unternehmen wendete diese Methode erfolgreich auf einem Lieferantentag für Lieferanten der gleichen Materialgruppe an. Ziel war es, von bislang dreizehn Lieferanten für diese Materialgruppe runter auf nur fünf Lieferanten zu kommen, die das ganze Spektrum zukünftig liefern sollten.

An diesem Lieferantentag wurden die dreizehn Lieferanten in das Kunden-Unternehmen eingeladen. Neben einer Präsentation des Unternehmens gab es eine Betriebsbesichtigung. Danach wurden die Teilnehmer zum Essen eingeladen. Während der Präsentation zeigte der Einkaufsleiter den eingeladenen Verkäufern in einem Vortrag auf, welcher Marktdruck in der Branche herrscht. Daraufhin visualisierte er in einer Power-Point-Präsentation, wie sich der Kuchen für diese Materialgruppe auf viel zu viele Lieferanten aufteilt. Um die Prozesskosten zu senken und Volumenbündelungseffekte zu erzielen, müsste die Lieferanten für diese Materialgruppe auf fünf gesenkt werden.

Nach diesem Vortrag des Einkaufsleiters wurden alle Verkäufer in einen großen Vorraum geführt. Dort standen zahlreiche Tische, auf denen sämtliche Artikel aus dieser Materialgruppe zu finden waren. Jedem Artikel beigefügt waren die Zeichnung, Spezifikation und der Jahresbedarf. Die Lieferanten sahen somit die von ihnen gelieferten Teile sowie die des Wettbewerbs. Jetzt sollte jeder Lieferant prüfen, welche der ausliegenden Artikel er auch produzieren könnte, die entsprechenden Unterlagen mitnehmen und innerhalb einer Frist von zwei Wochen ein Angebot abgeben.

Nach der Angebotsauswertung führten die zuständigen Einkäufer mit den verbleibenden Lieferanten Wertanalyse-Gespräche zur Standardisierung und Kostensenkung sowie die Endverhandlungen. Am Ende war das Ziel fast erreicht: Sechs anstatt dreizehn lieferten zukünftig das komplette Spektrum.

5   Auf Einwände des Lieferanten selbstbewusst reagieren

5.1   Versetzen Sie sich in die Rolle des Lieferanten!

Nachdem Sie das Ziel für die Verhandlung konkret formuliert haben, wird der Verkäufer mit Einwänden reagieren. Gehen wir von folgendem Fall aus:

Der Verkäufer hatte in einem Schreiben angekündigt, dass er aufgrund gestiegener Kosten die Preise um 5 % erhöhen möchte. Sie konterten in Ihrem Antwortschreiben, dass aufgrund des Marktdrucks seitens der Großkunden keine Preiserhöhungen möglich seien, sondern vielmehr der Markt eine Preisreduzierung von – 10 % fordert. Außerdem laden Sie den Verkäufer zu einem Gespräch ein.

Heute ist der Lieferant bei Ihnen im Unternehmen. Als guter Verkäufer wird er sich auf die Verhandlung intensiv vorbereitet haben. Mit welchen Einwänden wird er versuchen, Sie von Ihrem Ziel abzubringen? Versetzen Sie sich in die Rolle des Lieferanten, dann fällt es Ihnen leichter, im Kopf des anderen zu denken. Ihre kreativen Gedanken nehmen zu, Ihnen fallen mehr Argumente des Verkäufers ein. Dies nennt man auch Empathie.

Typische Einwände des Lieferanten auf eine Preisreduzierung sind:

- Das Vormaterial ist teurer geworden
- Die Energiekosten haben sich erhöht
- Die Löhne sind gestiegen
- Sie erwarten mehr Service
- Seit Jahren halten wir die Preise stabil
- Wir stehen mit dem Rücken an der Wand

5.2   Wie Sie (gegen)argumentieren können

Wie reagieren Sie auf Einwände des Lieferanten? Hier einige grundsätzliche Tipps:

- Halten Sie Ihre Emotionen unter Kontrolle! Bleiben Sie ruhig und sachlich! Atmen Sie vor Ihrer Antwort erst einmal tief durch. Hierbei hat sich die Bauchatmung bewährt.
- Machen Sie sich bewusst: Mit seinem Einwand zeigt der Verkäufer Interesse am Thema. Außerdem ist es doch seine Aufgabe als Verkäufer, Preisreduzierungen abzuwehren. Akzeptieren Sie das einfach!
- Lassen Sie den anderen ausreden!
- Zeigen Sie Aufnahmebereitschaft! Versuchen Sie, sich mit den Wünschen des anderen auseinander zu setzen. Das erhöht das Verständnis und erleichtert die Gegenargumentation.
- Reagieren Sie mit einer Gegenfrage, um Zeit zu gewinnen!
- Bei fachlich schwierigen Themen: Schlagen Sie vor, einen Spezialisten aus dem Fachbereich hinzuzuziehen!

Es gibt viele Möglichkeiten, die Einwände von Verkäufern zu entkräften. Gehen wir auf einige Beispiele ein:

Sein Einwand: „Die Kosten sind gestiegen"

- Fordern Sie den Verkäufer auf, nachzuweisen wo und wie viel Erhöhung er effektiv hatte (und prüfen Sie dies auf dem Markt).
- Lassen Sie sich die prozentualen Kostenbestandteile aufzeigen, damit Sie nachkalkulieren können (und vergleichen Sie diese mit dem Wettbewerb).
- Fragen Sie den Verkäufer, was alles getan wurde, um die gestiegenen Kosten durch interne und externe Verbesserungen aufzufangen.
- Fragen Sie ihn, was die Verbesserungen gebracht haben und wie Sie als Kunde konkret daran beteiligt wurden.
- Machen Sie ihm den Marktdruck bewusst und dass sie beide gemeinsame Kunden haben. Nur gemeinsam können Sie diese Kunden langfristig sichern.

Sein Einwand: „Sie erwarten mehr Service"

- Machen Sie dem Verkäufer bewusst, dass das auch unsere Kunden von uns erwarten und wir dafür kein extra Geld erhalten.
- Deswegen ist er unser Lieferant.
- Diesen Service erwarten wir genauso von seinem Wettbewerb.

Sein Einwand: „Seit Jahren halten wir die Preise stabil"

- Würdigen Sie die Leistung des Lieferanten.
- Machen Sie ihm bewusst, dass Sie trotzdem seine Unterstützung brauchen, um den Kundenwunsch zu befriedigen.
- Nur stabil? Sagen Sie dem Verkäufer, dass Ihr Unternehmen in der gleichen Zeit die Preise senken musste.

Sein Einwand: Wir stehen mit dem Rücken an der Wand

- Fragen Sie den Verkäufer, wie gut es seinem Unternehmen geht.
- Drücken Sie Ihre Bedenken aus: Sie brauchen starke und gesunde Lieferanten. Wäre es besser, zu einer Alternative zu wechseln?
- Fordern Sie ihn auf, die Kalkulation offen zu legen.
- Fragen Sie den Lieferanten, was zur Kostenreduzierung gemacht wurde.
- Fragen Sie ihn, was sie gemeinsam noch tun können.

Achten Sie auf eine positive Formulierung Ihrer Gegenargumente. Ein Beispiel:

Anstatt „*Ja, aber* trotzdem wollen wir eine Preisreduzierung"

Sagen Sie besser:

„Wir verstehen Ihre Ansicht, jedoch zeigt der Wettbewerbsvergleich, dass der Marktpreis niedriger liegt."

Also anstatt „Ja" könnten Sie den Einwand des Verkäufers erst einmal würdigen durch zum Beispiel „Wir verstehen Ihre Ansicht" oder „Ihr Hinweis ist bedenkenswert" oder „Das ist nicht von der Hand zu weisen".

Das Negativwort „aber" ersetzten Sie am besten durch „allerdings", „jedoch", „obwohl" oder „nur". Zum Beispiel:

„Wir haben durchaus Verständnis für Ihre Sicht, nur bedenken Sie bitte: Unser gemeinsamer Kunde hat ein klares Preisziel vorgegeben. Wir schaffen dieses Ziel nur gemeinsam mit Ihnen. Bitte unterstützen Sie uns."

oder:

„Das ist nicht von der Hand zu weisen, doch bedenken Sie folgende Vorteile ..."

5.3   Zeigen Sie dem Verkäufer dessen Nutzen auf!

Neben der Gegenargumentation ist es gut, dem Lieferanten auch seinen Nutzen aufzuzeigen. Das soll bedeuten: Wir gehen nicht nur gegen seine Einwände vor, sondern bewegen uns auch auf ihn zu, indem wir ihm die Vorteile bewusst machen. Sie wollen etwas von Ihrem Gegenüber, sind aber auch bereit etwas zu geben.

Diese positive Motivation stellt Herzberg sehr anschaulich dar:

In Herzbergs Vergleich geht es um einen Esel, der zum einen mit Druck in eine bestimmte Richtung gedrängt werden soll. Dies funktioniert allerdings nicht, da der Esel nur widerwillig sich auf Druck bewegt und nach kurzer Zeit stehen bleibt oder gar bockig wird. Möchten Sie den Esel dazu bewegen, dass er freiwillig in die richtige Richtung geht, sollten Sie ihm eine Karotte vor die Schnauze halten. Diese will er fressen, deswegen läuft er freiwillig auf sie zu. Das ist positives Motivieren.

Übertragen auf den Verkäufer: Machen Sie sich Gedanken, auf welche „Karotte" dieser Appetit hat, damit er freiwillig Ihren Wunsch nach einer Preisreduzierung akzeptiert. Was für den Esel die Karotte ist, ist beim Lieferanten der Nutzen, der Vorteil, den er von der Veränderung hat. Das sollten Sie sich vor der Verhandlung überlegen und ihm im passenden Augenblick mitteilen.

Überlegen Sie sich auch einmal, welchen Nutzen Ihr Unternehmen ganz allgemein Ihren Lieferanten bietet. Viele Verkäufer vergessen das im Laufe der Zeit oder es wird für sie zur Gewohnheit und damit selbstverständlich. Machen Sie dem Verkäufer das wieder bewusst, indem Sie ihm Fragen stellen und Behauptungen aufstellen. Zum Beispiel:

- Wie wichtig sind wir Ihnen als Kunde?
- Ist es Ihnen wichtig, unser Unternehmen als Referenz nennen zu können?
- Durch unsere Einkaufskooperation können Sie günstiger einkaufen.
- Sie beliefern uns schon seit Jahren mit insgesamt steigenden Umsätzen.
- Sind Sie mit der Zahlungsmoral zufrieden? (Voraussetzung: Sie ist gut)
- Wir helfen Ihnen, auch andere Unternehmensbereiche zu beliefern.
- Wir prüfen gerne, ob wir auch andere Produkte aufnehmen können.
- Sie sichern sich einen langfristigen Partner.
- Dadurch sichern Sie Ihren Umsatz und die Auslastung
- In gemeinsamen Workshops können wir beide Kosten senken, um so unsere Wettbewerbsfähigkeit auszubauen.

5.4   Transaktionsanalyse und Zwei-Gewinner-Prinzip

Zurückzuführen sind die Erkenntnisse eines „Zwei-Gewinner-Prinzips" auf die Transaktionsanalyse. Sie nennt vier verschiedene Wertschätzungshaltungen:

Ich bin nicht ok – Du bist nicht ok

Diese Haltung ist geprägt von Gefühlen der Hoffnungslosigkeit, Zweifel und Selbstzweifel. Ein gutes Ergebnis zu erreichen, scheint ausgeschlossen. Beide Verhandlungspartner sind negativ eingestellt und blockieren ein Vorwärtskommen. Mit dieser Einstellung ist ein negatives Ergebnis der Verhandlung vorprogrammiert.

Ich bin ok – Du bist nicht ok

Sie fühlen sich überlegen gegenüber dem Verkäufer und gehen auf eine arrogante Ebene, wollen Macht ausüben und kontrollieren. Voraussetzung hierfür ist die Austauschbarkeit des Lieferanten. Mit dieser Haltung provozieren Sie Streit. So können Sie vielleicht Ihr Ziel erreichen, von Partnerschaft kann aber nicht die Rede sein.

Ich bin nicht ok – Du bist ok

Diese Version passt auf die weiter oben erklärte SWG-Übung. Machen Sie den Verkäufer größer und sich kleiner? Werten Sie sich ab und den anderen auf? Sind Sie ein „Ja-Sager"? Das sollten Sie unbedingt ändern! Einen gesunden Ausgleich erreichen Sie durch die SWG-Übung und gute Vorbereitung.

Ich bin ok – Du bist ok

Diese Haltung führt am besten zu Erfolg und Partnerschaft. Es handelt sich um eine Gewinner-Gewinner-Situation. Jeder hat Stärken und Schwächen. Beide akzeptieren und respektieren sich. Beide wollen Geschäfte zusammen machen und erfolgreich sein. Die Verhandlung ist geprägt von Wertschätzung, Problemlösung und vom Arbeiten auf ein gemeinsames Ziel hin.

Grundsätzlich sollten Sie Ihren Verhandlungspartner nicht als Gegner, sondern als eine Art Partner in einem Problemlösungsteam sehen. Überlegen Sie sich: Wie kann mir der Lieferant in der Sache nützlich sein?

Sie kennen doch das Phänomen: Eine Lösung, an der Sie selbst mitgewirkt haben, können Sie wesentlich besser akzeptieren, als eine, die Ihnen in irgendeiner Form von außen aufgedrückt wurde. Deswegen versuchen Sie den Verkäufer auf ein gemeinsames Ziel auszurichten. Holen Sie ihn ins Boot und bauen Sie ein „Wir-Gefühl" auf. Es geht doch um die gemeinsame Sache: Den langfristigen Erfolg zu sichern, indem wir uns den Herausforderungen des Marktes stellen. Versuchen Sie gemeinsam Lösungen zu finden, um das übergeordnete Ziel zu erreichen.

Ein Beispiel:

Zwei Frauen streiten in einem Seminar. Die eine möchte das Fenster offen haben, die andere geschlossen. Sie zanken herum, wieweit man es öffnen soll. Keine Lösung kommt zustande. Der Seminarleiter fragt daraufhin die eine, warum sie das Fenster öffnen möchte. „Es ist so warm hier. Ich brauche frische Luft." Er fragt die andere, warum sie das Fenster lieber geschlossen hat. „Es ist frisch und wegen der Zugluft." Nach kurzem Überlegen öffnet der Trainer die Tür zum Seminarraum. Es ist ruhig auf dem Gang und eine angenehm frische Luft strömt herein, ohne dass es zieht.

Hier wird deutlich, dass die eingenommene Position nichts über die dahinterliegenden Interessen aussagt. Deswegen sollten Sie in der Verhandlung die Interessen des Gesprächspartners herausfinden und überlegen, wie sie beide Interessen durch ein übergreifendes Ziel erreichen können.

Ein Beispiel:

Der Lieferant sendet Ihnen ein Schreiben in dem steht: „Aufgrund gestiegener Kosten müssen wir die Preise um 5 % erhöhen." Sie als Einkäufer haben die Vorgabe, die Preise stabil zu halten. Wenn jeder nur auf seine Position besteht, kommen Sie zu keiner befriedigenden Lösung. Rufen Sie den Verkäufer an oder laden Sie ihn besser zu sich ein. Fragen Sie ihn: „Was sind konkret die Gründe für Ihren Preiserhöhungswunsch?" Daraufhin soll der Verkäufer die effektiven Kostenerhöhungen nachweisen und den jeweiligen Anteil an den Gesamtkosten nennen. Sie erklären ihm konkret, warum Sie eine Preisreduzierung (Maximalziel) brauchen. Zum Beispiel: „Auf dem Absatzmarkt findet ein Preisverfall statt. Unsere Kunden fordern – 5 % Preisreduzierung, damit sie weiterhin bei uns kaufen. Wir schaffen dieses Ziel nur gemeinsam mit unseren Lieferanten. Nur so können wir beide uns das

Geschäft langfristig sichern. Was könnten wir tun? Wie könnten wir gemeinsam Kosten senken, um Ihre Steigerungen aufzufangen? Welche Ideen haben Sie zur Verbesserung der Zusammenarbeit?"

Durch das Ausrichten und Hinarbeiten auf ein gemeinsames übergreifendes Ziel, schaffen wir eine Zwei-Gewinner-Philosophie.

Leitsatz 1:

Trennen Sie Mensch und Probleme!

Leitsatz 2:

Wandeln Sie Probleme in ein gemeinsames Ziel um!

Leitsatz 3:

Verhandeln Sie hart in der Sache und haben Sie Respekt gegenüber den Interessen, Wünschen und Motiven Ihres Gesprächspartners!

6.1   Stellen Sie Fragen!

„Wer fragt, der führt", lautet ein Sprichwort. Tatsächlich ist das Wissen um den Einsatz gezielter Fragen sehr hilfreich in der Verhandlung. Bemühen wir uns daher, anstatt festzustellen oder zu behaupten, öfter Fragen zu stellen. Die zehn Vorteile der Fragetechnik sind:

Durch Fragen

- halten Sie die Zügel in der Hand und führen das Gespräch
- lenken Sie das Gespräch in die von Ihnen gewünschte Richtung
- zeigen Sie Ihrem Gesprächspartner Ihr Interesse
- können Sie mehr Informationen erhalten
- gewinnen Sie (in unangenehmen Situationen) Zeit
- werfen Sie den Ball zurück
- liegt die Beweislast beim Gegenüber
- wird sich der andere rechtfertigen müssen
- können Sie schlagkräftig auf unsachliche Äußerungen reagieren
- wirken Sie souverän und sicher

Im Folgenden gehen wir auf die Fragearten in der Einkaufsverhandlung ein:

Die geschlossene und die offene Frage

Bei der geschlossenen Frage wird Ihr Gesprächspartner nur mit „ja", „nein" oder „vielleicht" antworten.

Beispiele:
„Sind Sie mit einer Preisreduzierung um 3 % einverstanden?"
„Haben Sie den Preisverfall des Vormaterials in der Kalkulation berücksichtigt?"
Gut ist die geschlossene Frage einsetzbar, wenn Sie von Ihrem Gegenüber eine Entscheidung abverlangen möchten und ihm die Alternativen vorgeben.

„Stimmen Sie mir bis hier hin zu?"

Beispiel:
„Bevorzugen Sie eine Erhöhung des Skontos oder ein langes Zahlungsziel?"

Diese Frageart nennt man auch die Alternativfrage.

Die offene Frage leiten Sie immer mit einem Fragewort ein. Dadurch wird Ihr Gegenüber aufgefordert, in ganzen Sätzen zu antworten.

Beispiele:
„Welche Vorschläge haben Sie zur gemeinsamen Kostenreduzierung?"
„Was haben Sie getan, um die gestiegenen Kosten aufzufangen?"

Die offene Frage ist sehr empfehlenswert, weil dadurch der Gesprächspartner meist konkrete Auskunft geben wird. Ausnahme ist der Vielredner: Ihn sollten Sie eher durch geschlossene Fragen auf den Punkt bringen.

Achten Sie darauf, dass Sie bei der offenen Frage die Worte „Warum?", „Wieso?" und „Weshalb?" vermeiden. Diese haben einen eher angreifenden Charakter. Ersetzen Sie diese besser durch „Aus welchen Gründen?"

Anstatt:

„Warum wollen Sie die Verbesserungsmaßnahme nicht umsetzen?"

besser:

„Aus welchen Gründen möchten Sie die Verbesserungsmaßnahme nicht umsetzen?

oder noch besser:

„Was hält Sie davon ab, die Verbesserungsmaßnahme umzusetzen?"
Was könnte schlimmstenfalls passieren?"

Die Suggestivfrage

Mit dieser Frageform können Sie Ihren Gesprächspartner in eine bestimmte Richtung drängen. Sie versuchen ihm die Antwort in den Mund zu legen, damit er möglichst Ihre Aussage bestätigt.

Beispiel:
„Meinen Sie nicht auch, dass es wichtig ist, unseren gemeinsamen Kunden langfristig zufrieden zu stellen?"

Die rhetorische Frage

Sie stellen eine Frage, auf die Sie keine Antwort erwarten. Vielmehr möchten Sie den anderen dadurch zum Nachdenken bringen.

Beispiele:
„Wie sollen wir das unserem Kunden erklären? Wie wird dieser wohl darauf reagieren?"
„Ihr Wunsch nach einer Preiserhöhung, ist doch für Sie nicht das einzige Kriterium für die Fortführung der Zusammenarbeit? Wissen Sie noch, welche Vorteile Sie durch uns als Kunden haben? Der niedrige Preis garantiert Ihnen ..."

Die motivierende Frage

Mit diesen Fragen treffen Sie das Ego des Menschen durch Würdigung der Person. Damit fördern Sie in den meisten Fällen eine positive Stimmung in der Verhandlung.

Beispiele:
„Sie sind doch der Fachmann in diesem Bereich. Können Sie uns bitte erklären, wie wir am besten vorgehen sollten?"

„Alle Achtung. Wo haben Sie sich dieses Spezialwissen angeeignet?"

Die Ja-Fragen-Straße (Sokratische Frage)

Ziel dieser Methode ist es, durch das Aneinanderreihen von mehreren geschlossenen Fragen Ihren Verhandlungspartner zu „Ja"-Antworten zu veranlassen. Am Ende nennen Sie dann die eigentliche suggestive Feststellung.

Beispiel:
„Wollen Sie Ihren Umsatz erhöhen?" (Ja)
„Möchten Sie Systemlieferant bei uns werden?" (Ja)
„Sind Sie an einer langfristigen Zusammenarbeit interessiert?" (Ja)
„Wollen Sie Ihre Wettbewerbsfähigkeit weiter ausbauen?" (Ja)
„Dann machen Sie doch sicher bei unserem Projekt zur Kostensenkung mit." (Ja)

Diese Fragen helfen besonders bei unentschlossenen Lieferanten. Außerdem hat der Verkäufer nicht das Gefühl, überredet worden zu sein. Sie schaffen damit eine positive Stimmung gegenüber Ihrem eigentlichen Ziel.

Die Arten der Gegenfrage

Eine wertvolle Frageform, denn sie fordert den Gesprächspartner auf, in die Tiefe zu gehen. Außerdem gewinnen Sie Zeit und steigern Ihre Schlagfertigkeit.

Beispielsweise fragt der Verkäufer:
„Haben Sie nicht auch bei unseren Wettbewerbern Preiserhöhungen akzeptieren müssen?"

Ihre Gegenfrage:
„Wie kommen Sie darauf?"
„Glauben Sie das wirklich?"
„Meine Sie das wirklich ernst?"
„Wie bitte?"
„Natürlich nicht. Was bezwecken Sie mit dieser Frage?"
„Wo haben Sie denn das gehört?"
„Welche Wettbewerber meinen Sie?"
„Wie viel Prozent haben wir Ihrer Meinung angeblich akzeptieren müssen?"
„Meinen Sie Lieferanten, die uns noch beliefern oder die wir ausgetauscht haben?"

Eine interessante Methode ist es, die Ausgangsfrage des Verkäufers absichtlich falsch zu verstehen. Zum Beispiel antworten Sie mit der Gegenfrage:

„Warum Ihre Wettbewerber Preisreduzierungen akzeptiert haben?"

Damit verwirren Sie Ihren Gesprächspartner. Es zwingt ihn, seine Frage erneut zu stellen.

Wie Sie auf Pauschalaussagen schlagkräftig reagieren

Nicht nur bei Fragen, sondern auch bei Pauschalaussagen des Verkäufers kann es sehr wertvoll sein, mit einer Frage zu kontern. Stellen Sie sich vor, Sie hätten Ihrem Gesprächspartner in der Verhandlung den Vergleichspreis eines Wettbewerbers aus Polen genannt. Daraufhin sagt der Verkäufer:

„Das weiß doch jeder, dass die Polen bei diesen Produkten nichts taugen."

Was kommt da bei Ihnen unterschwellig an? Ganz sicher ein Nachsatz, der da lautet: „Nur Sie wissen das nicht!"

Wie reagieren Sie auf solch eine Pauschalaussage? Die meisten rechtfertigen sich und sagen beispielsweise: „Wir haben den Markt geprüft und sind sicher, dass Lieferanten in Polen das auch schaffen." Doch die Rechtfertigung ist in diesem Fall nicht empfehlenswert, da der Verkäufer Sie mit seiner Pauschalaussage in Bedrängnis bringen möchte. Es kann sogar sein, dass er auf Ihre Rechtfertigung nochmals mit einer Pauschalaussage kontert: „Herr Einkäufer, bitte hören Sie mir auf mit Polen. Die können das nicht." Spätestens jetzt sollten Sie – anstatt sich zu rechtfertigen – mit einer Frage den Ball zurückwerfen.

Beispiele für Ihre Gegenfragen:
„Wie kommen Sie darauf?"
„Worauf beziehen Sie sich?"
„Könnten Sie das bitte einmal konkretisieren?"

Als interessante Alternative hat sich auch folgende Gegenfrage bewährt:

„Sind Sie da sicher?"

Wenn der Verkäufer mit „ja" antwortet, stellen Sie ihm die gleiche Frage nochmals in einem schärferen Ton:

„Sind Sie da ganz sicher?"

Meistens ist jetzt Ihr Gesprächspartner verunsichert und wird Ausnahmen eingestehen, indem er sagt: „Natürlich gibt es auch gute Unternehmen in Polen."

Bleibt der Verkäufer beharrlich und bestätigt wieder mit einem „ja", dann probieren Sie es damit: „Was macht Sie so sicher?"

Die Kunst zu fragen, ist nicht nur in der Verhandlung, sondern im ganzen Leben wertvoll. Natürlich sollten Sie nicht dem Extrem verfallen und nur noch Fragen stellen. Seien Sie auch bereit, sich einzubringen!

Machen Sie sich die verschiedenen Fragearten bewusst und trainieren Sie diese!

6.2   Setzen Sie Ihre Stimme ein!

„Der Ton macht die Musik" lautet ebenfalls eine alte Volksweisheit. Wie Sie etwas sagen, entscheidet darüber, was beim anderen ankommt. Es ist bekannt, dass körpersprachliche Signale den ersten Eindruck bestimmen und die Stimme – nicht nur am Telefon – Sympathieträger Nr. 1 ist. Dieses Wissen sollten Sie in der Kommunikation grundsätzlich und speziell in der Verhandlung für sich nutzen.

5 Grundregeln für Ihren richtigen Stimmeinsatz:

1. Haben Sie eine sichere Stimme!

Die Hauptursachen für eine unsichere Stimme sind die mangelnde Vorbereitung, Angst vor Einwänden des Gesprächspartners und Lampenfieber. Aufgrund des Studiums dieses Buches und der Umsetzung der Erkenntnisse in die Praxis, werden Sie zukünftig sehr gut vorbereitet in die Verhandlung gehen und mit Einwänden umgehen können. Lampenfieber haben Menschen, wenn sie eine Rede vor vielen Zuschauern halten sollen. Innerhalb der Verhandlung kommt das eventuell bei einer Präsentation vor. Hier ein paar Tipps, wie Sie Ihr Lampenfieber loswerden:

- Machen Sie sich bewusst: Jeder Mensch hat es!
- Konzentrieren Sie sich auf Ihre Stärken und Erfolge!
- Bereiten Sie sich gründlich auf die Verhandlung vor!
- Sprechen Sie Ihr Ziel und die Strategie vorher mit einem Kollegen durch!

- Nehmen Sie eine Kollegin oder einen Kollegen mit in die Verhandlung!
- Seien Sie assoziiert und nicht dissoziiert (d.h. denken Sie nicht ständig an das, was die anderen wohl denken, sondern bleiben Sie in Ihrem Kopf, auf Ihre Sache konzentriert)!
- Stellen Sie sich die Gesprächsteilnehmer als Kohlköpfe vor (Bismarck-Methode)!
- Sprechen Sie überzeugt Ihre Meinung aus!
- Lernen Sie zu entspannen (siehe oben)!

2. Reden Sie weniger, als Ihr Gegenüber!

Sind Sie Vielredner? Dann sollten Sie unbedingt dies ändern, denn je mehr Sie reden, desto weniger nehmen Sie den anderen wahr und geben sich selbst Blößen. Geht es um eine Verhandlung, gilt die Faustformel 40 : 60, d.h. Sie reden maximal 40 % der Zeit und der Verkäufer 60 % der Zeit. Dies hat mindestens folgende fünf Vorteile:

- Sie können das Gespräch durch Fragen lenken.
- Durch ganzheitliche Wahrnehmung und Zuhören nehmen Sie Blößen des Verkäufers wahr und können direkt auf diese eingehen.
- Da Sie selbst weniger reden, ist die Gefahr, unbedacht wichtige Dinge auszusprechen, gering.
- Sie stellen den anderen in den Mittelpunkt und werden als Gesprächspartner mehr geachtet.
- Durch Ihre Fragen können Sie den Verkäufer selbst zur Lösungsfindung führen. Die Erfahrung zeigt: Hat der andere die Lösung selbst genannt, steht er viel mehr dahinter, als wenn Sie ihm diese vorgeben.

3. Reden Sie langsamer, melodisch und machen Sie Sprechpausen!

Achten Sie darauf, dass Sie nicht gehetzt sprechen. Dadurch werden Sie nicht nur schlechter verstanden, sondern man unterstellt Ihnen auch eine gewisse Unsicherheit.

Tipp: Nehmen Sie Ihren Vortrag auf einen Datenträger auf und hören Sie sich danach Ihr Sprechtempo an. Die Bewusstmachung ist der erste Schritt für die Veränderung. Ist Ihnen bewusst geworden, dass Sie manchmal „wie ein Maschinengewehr" losrattern, dann können Sie sich jetzt Ihr neues gewünschtes Verhalten überlegen und einprägen. Zum Beispiel könnten Sie folgende Suggestion als Aufgabe an Ihr Unterbewusstsein richten: „Immer wenn ich merke, dass ich zu schnell spreche, werde ich stattdessen einmal tief durchatmen und dann langsam weiter reden." Diese Methode können Sie auch anwenden, wenn Sie sich zum Beispiel das „ähm" abgewöhnen möchten.

Sprechpausen sollten Sie regelmäßig nach der Beendigung von Sätzen machen, d.h. Sie senken Ihre Stimme am Ende des Satzes und atmen dabei aus. Dann machen Sie eine Pause, indem Sie innerlich bis zwei oder drei Zählen. Atmen Sie wieder ein und sprechen Sie weiter. Reden Sie bevorzugt in kurzen Sätzen. Damit erleichtern Sie den Zuhörern Ihnen zu folgen, erhöhen das Verständnis und wirken überzeugender. Sie persönlich fühlen sich ruhiger und entspannter.

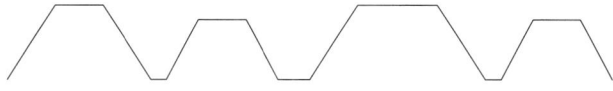

Sprechpausen machen

Achten Sie auch darauf, anstatt monoton besser melodisch zu sprechen, indem Sie Ihre Stimme heben und senken, lauter und leiser reden. Das nennt man auch Modulation. Erzählen Sie doch einmal einem Bekannten begeistert von Ihrem letzten Urlaub. Sie werden feststellen, dass Sie dann automatisch Ihre Stimm-Melodie verändern. Das sollten Sie auch in der Verhandlung tun. Das, was Sie sagen, wirkt auf den Gesprächspartner spannender und er hört Ihnen interessierter zu.

Auch eine tiefe und resonanzvolle Stimme ist besser, als eine hohe, durch Brustatmung verursachte, Stimmlage. Wie kommen Sie von der Brustatmung zur Bauchatmung? Entspannen Sie sich, konzentrieren Sie sich darauf, wie sich beim Einatmen Ihr Bauch hebt und beim Ausatmen senkt. Hilfreich ist es auch, dabei eine Hand auf den Bauch zu legen.

Übrigens: Ein Dialekt ist grundsätzlich in Ordnung, wenn er verständlich ist.

4. Artikulieren heißt: Klar und deutlich zu sprechen

Sprechen Sie klar und deutlich! Das Verschlucken von Worten oder Nuscheln, kommt beim anderen nicht gut an. Verbessern Sie Ihren Ausdruck. Genießen Sie jedes Wort, das Sie sprechen. Die folgenden mindestens fünf Regeln sollen Ihnen dabei helfen:

* Hören Sie wieder Ihre Stimme auf der Aufnahme an! Klingt sie klar und deutlich? Fragen Sie auch einmal Ihre Familie und Bekannte. Die Bewusstmachung ist der erste Schritt der Veränderung.
* Reden Sie langsamer!
* Bilden Sie vermehrt kurze Sätze!
* Machen Sie Sprechpausen!
* Machen Sie Ihren Mund weiter auf!

Hier eine geniale Übung, um Ihre Artikulation zu verbessern. Dazu sollten Sie alleine sein, zum Beispiel morgens im Auto auf dem Weg zur Arbeit:

Übung:
Stecken Sie einen Daumen in den Mund. Versuchen Sie dann eine Geschichte laut zu erzählen. Das ist ungewöhnlich und fällt Ihnen anfangs bestimmt schwer, doch probieren Sie es aus! Halten Sie diese Übung nur eine Minute durch. Dann nehmen Sie wieder den Daumen heraus und sprechen weiter. Sie werden erstaunt feststellen, dass Sie trotzdem noch Ihren Mund weiter öffnen und viel deutlicher artikulieren.

5. Lassen Sie Füllwörter weg!

Füllwörter, wie „eigentlich", „vielleicht" oder „Ich denke" sind Weichmacher. Mit diesen geht die Wirkung Ihrer Überzeugung beim anderen verloren. Wie wirken die folgenden Aussagen auf Sie:

Der Verkäufer fragt Sie nach Ihrem Verhandlungsziel.

Sie antworten: „Eigentlich wollten wir mit Ihnen über eine Preisreduzierung reden. Wir dachten so an 3 %."
Das Wort „eigentlich" nimmt die Dramatik aus Ihrer Aussage. „Eigentlich" heißt so viel wie „Wir wollten es mal versuchen". Der geschulte Verkäufer wird das sofort durchschauen und sich nicht auf eine Preisre-

duzierung einlassen, weil er merkt, dass Sie gar nicht hinter Ihrer Aussage stehen. Untermauert wird dies noch durch die Aussage „Wir dachten so an 3 %".

Jemand, der überzeugt ist, sein Ziel zu erreichen, wird es ohne Füllwörter aussprechen: „Ziel des heutigen Treffens ist es, die Preise um 3 % zu senken."

Verbannen Sie folgende Killerphrasen aus Ihrem Wortschatz:

- Ich möchte behaupten ...
- Ich würde vorschlagen ...
- Sollten wir vielleicht ...
- Ich bin nur zuständig für ...
- Eigentlich will ich ...
- Wäre es Ihnen vielleicht möglich ...

Und nutzen Sie besser folgende Positiv-Formulierungen:

- Ich bin der Meinung ...
- Ich schlage vor ...
- Ich bin überzeugt davon, dass ...
- Ich bin sicher, dass wir uns über ... einigen werden.
- Ich bin verantwortlich für
- Ziel ist ...
- Ich benötige die Unterlagen bis ...

Seien Sie standfest, authentisch und sagen Sie das, was Sie meinen!

7.1   Beispiel einer Makrostrategie im Einkauf

Die Strategie ist der Weg zum Ziel. Zuerst brauchen Sie ein Ziel (Maximal- und Minimalziel), dann kommt der Weg dorthin. Wir unterscheiden in eine Makrostrategie, um ein übergreifendes Ziel zu erreichen und in eine Mikrostrategie innerhalb der Verhandlung.

Ein übergreifendes Ziel zur Entwicklung einer Makrostrategie könnte lauten: „Im kommenden Jahr senken wir die Beschaffungskosten um 3 %."

Es gibt immer mehrere Möglichkeiten, das Ziel zu erreichen. Eine Strategie könnte sein:

1. Durchführung einer ABC-Analyse der Lieferanten.
2. Marktuntersuchung zum Preisvergleich ausgewählter A- und B-Artikel.
3. Versand eines Schreibens an alle A- und B-Lieferanten, in dem das Maximalziel genannt und begründet wird. Außerdem werden die Lieferanten aufgefordert, bis zu einem bestimmten Termin Vorschläge einzureichen, wie Sie das geforderte Ziel erreichen werden.
4. Auswertung der Ergebnisse.
5. A-Lieferanten werden zum persönlichen Gespräch eingeladen.
6. Mit B-Lieferanten die Verhandlung möglichst telefonisch führen.
7. C-Lieferanten: Einführung eines E-Procurements.
8. Bei ausgewählten A-Lieferanten Durchführung eines KVP-Workshops zur gemeinsamen Kostensenkung.
9. Nachverhandlung der A-Lieferanten

7.2   Beispiel einer Mikrostrategie im Einkauf

Die Mikrostrategie betrifft die Verhandlung selbst. Nachdem Sie die Verhandlung mit dem Lieferanten fachlich vorbereitet und sich Ihr Maximal- und Minimalziel gesetzt haben, entwickeln Sie jetzt die Strategie, wie Sie das Verhandlungsziel erreichen möchten.

Beispiel einer Verhandlungsstrategie:

1. Konfrontation des Lieferanten mit dem Maximalziel. Konkrete Begründung (z.B. aufgrund Marktdruck).
2. Ausloten, zu welchen Zugeständnissen er direkt bereit ist.
3. Diskussion seiner Vorschläge, wie er das Ziel erreichen wird (wurde bereits im Anschreiben zur Vorbereitung für das Gespräch gefordert).
4. Zwischenergebnis am Flip-Chart notieren.
5. Herausforderung: Dem Lieferanten die Wettbewerbssituation bewusst machen. Teilergebnis abfordern.
6. Musterunterbrechung: Pause. Einkäufer verlassen den Raum.
7. Weitere Lösungsmöglichkeiten diskutieren.
8. Dem Lieferanten den Nutzen der Zusammenarbeit und Perspektiven aufzeigen. Teilergebnis abfordern.
9. Musterunterbrechung: Pause. Einkäufer verlassen den Raum.
10. Weitere Lösungsmöglichkeiten diskutieren.
11. Zusatzeinsparungen durch Verbesserung der Konditionen erzielen.
12. Zwischenergebnis festhalten. Gespräch vertagen.
13. Nachverhandlung am Telefon
14. Evtl. zweite Verhandlung bei uns
15. Sich in der Mitte treffen

Die folgenden Taktiken können Sie nutzen, um eine Strategie aufzubauen. Die Strategie ist die Hülle, die Sie mit Taktiken und Methoden füllen.

8.1   10 außergewöhnliche Verhandlungstaktiken in der Praxis

Es gibt viele Verhandlungstaktiken. Einige sind so selbstverständlich, dass Sie Ihnen gar nicht als Taktiken vorkommen. Trotzdem sind es Taktiken. Zum Beispiel: „Mit dem Wettbewerb drohen" oder „Nutzen aufzeigen". Es gibt positive und negative bis hin zu „satanischen" Taktiken. Wir gehen in diesem Buch auf einige außergewöhnliche Taktiken ein. Entscheiden Sie selbst, welche Sie davon anwenden möchten.

Salamitaktik

Die Salamitaktik wird in allen Bereichen eingesetzt, wo es zu schwierig erscheint, sofort das Gesamtergebnis zu erzielen. Auf den Einkauf bezogen, gibt es auch verschiedene Möglichkeiten. Der Langzeitvertrag beispielsweise ist eine Art Salamitaktik. Wenn Sie es nicht schaffen, Ihr Preisreduzierungsziel sofort zu erhalten, dann können Sie es sich scheibchenweise holen, indem Sie einen Langzeitvertrag über mehrere Jahre mit jährlichen Savings schließen. Aufgrund der langen Zusammenarbeit kann der Lieferant ständig seine Prozesse optimieren und Kosten senken. An diesen Verbesserungen wollen Sie beteiligt werden. So vereinbaren Sie zum Beispiel eine jährliche Preisreduzierung zum 1.1. eines Jahres von − 2 %. Bei einem 5-Jahres-Vertrag wären das dann insgesamt 10 % zeitversetzte Einsparung.

Außerdem sollten Sie die Salamitaktik immer während der Verhandlungsführung nutzen. Verlangen Sie niemals bereits am Anfang des Gesprächs vom Lieferanten, dass er

- die Preise reduziert
- die Konditionen verbessert
- einen Werbekostenzuschuss genehmigt
- seine Qualitätsprobleme löst
- einen Langzeitvertrag akzeptiert

Es besteht die Gefahr, dass Ihr Verhandlungsergebnis nicht optimal sein wird, denn der Verkäufer wird für sich eine Mischkalkulation durchführen. Wenn er bereits zu Beginn alle Ihre Ziele kennt, wird der Verkäufer beim Einzelziel nie sein Bestes geben. Besser ist es, scheibchenweise vorzugehen. Beginnen Sie mit einem Thema und finden Sie dafür eine Lösung. Erst dann kommt das zweite Thema, und so weiter.

Außerdem hilft Ihnen die Salamitaktik, immer noch etwas in Reserve zu halten, falls Sie mit Ihrem Ziel einer Preisreduzierung nicht bis zum gewünschten Ergebnis kommen. Beispielsweise haben Sie als Maximalziel – 8 % (Ihr Minimalziel ist – 5 %) genannt. Nach langer Verhandlung ist der Verkäufer nur bereit, Ihnen mit 3 % entgegen zu kommen. Dann beginnt die Salamitaktik und Sie bieten Alternativen für eine Optimierung an, zum Beispiel

- die Anpassung des Skontos von 2 % auf 3 %
- eine Bonusstaffelung
- einen Naturalrabatt.

Kommt der Lieferant Ihnen hier auch entgegen, haben Sie vielleicht Ihr Minimalziel von – 5 % insgesamt doch erreicht. Es ist die Summe aus allen Einsparungen. Gerade ein Naturalrabatt kann, in Einkaufspreise bewertet, einer interessanten prozentualen Einsparung entsprechen. Natürlich sollten Sie auf solche kostenlosen Warenlieferungen bestehen, die Sie auch wirklich benötigen. Die Verkäufer sind offen für diese Alternative, da sie einen Naturalrabatt innerbetrieblich anders kalkulieren können.

Es kann passieren, dass Ihr Verkauf nicht begeistert von dieser Lösung ist, da nur der Einkaufspreis in seine Verkaufskalkulation einfließt. Deswegen bevorzugt er einen niedrigeren Preis, anstatt eine Verbesserung der Konditionen. Sprechen Sie mit ihm und machen Sie ihm bewusst, dass durch eine reine Preisverhandlung aktuell keine weiteren Einsparungen möglich sind. Jedoch durch eine Verbesserung der Konditionen. Letztlich ist für Ihr Unternehmen doch das Gesamtergebnis entscheidend. Übringens: In manchen Branchen, wie zum Beispiel dem Handel, wird sogar größten Wert darauf gelegt, die Konditionen zu verbessern. Gerade dann, wenn es sich um Markenartikel handelt, ist oft eine Preisverhandlung durch die Hersteller ausgeschlossen. Deswegen gilt es durch eine kreative Konditionsverhandlung das Gespräch zum Erfolg zu führen.

Wenn-dann-Verhandlungstaktik

Stellen Sie sich vor, Sie haben sich mit einem Lieferanten für Kopiergeräte über den Preis geeinigt. Für das Aufstellen der Geräte und die Einweisung des Personals will er eine Pauschale je Gerät zusätzlich erhalten. Zuerst stellen Sie eine Sondierfrage: „Wäre es für Sie interessant, auch den Service für die neuen Kopiergeräte zu übernehmen?" Bestätigt dies der Lieferant, wissen Sie, dass ein Anreiz vorhanden ist. Diesen setzen Sie mit der Wenn-dann-Verhandlungstaktik ein: „Wenn Sie also auch den Service übernehmen, erhalten wir dann das Aufstellen und die Einweisung kostenlos?"

(Anmerkung: Natürlich erhält der Verkäufer nur dann auch den Auftrag für den Service, wenn er alle Vorgaben für den Service erfüllt und sein Preis wettbewerbsfähig ist.)

Fait Accompli

Bei der Taktik „Fait Accompli" geht es darum, den anderen vor vollendete Tatsachen zu stellen. Das wird jedes Jahr zum Jahresende aufs Neue von den Verkäufern gemacht: Die Einkäufer erhalten einen Brief, in dem steht, dass aufgrund von Kostensteigerungen die Preise um x % ab angehoben werden müssten. Der Verkäufer versucht den Einkäufer vor vollendete Tatsachen zu stellen. Wie reagieren Sie darauf? Natürlich lehnen Sie die Forderung nach einer Preiserhöhung ab. Ein Muster eines Antwortschreibens finden Sie weiter oben.

Sie können auch den Spieß herumdrehen, in dem Sie agieren, anstatt zu reagieren. Schreiben Sie doch einmal einen Serienbrief an ausgewählte Lieferanten und fordern eine Preisreduzierung. Dazu können Sie auch das Musterschreiben weiter oben nutzen und entsprechend anpassen.

Eine andere Möglichkeit, die Taktik des Fait Accompli zu nutzen, sind Ihre Allgemeinen Einkaufsbedingungen (AEB). Falls Sie mit Ihrem Lieferanten keinen Rahmenvertrag geschlossen haben, sollten Ihre AEB und nicht die Allgemeinen Geschäftsbedingungen (AGB) des Lieferanten gelten. Muster von AEBs finden Sie übrigens auf den Websites von einigen Unternehmen (z.B. www.brose.de). Wichtig ist, dass Sie darin die so genannte „Ausschließlichkeitserklärung" aufnehmen. Bestätigt nämlich der Lieferant Ihren Auftrag zu seinen AGB, dann gelten trotzdem Ihre AEB. Diese, von Juristen entwickelte Formulierung, lautet in etwa so:

> „Die Bestellungen erfolgen ausschließlich zu den jeweils darin genann-
> ten Bedingungen und nachrangig zu diesen AEB in der jeweils an-
> wendbaren Fassung. Davon abweichende Bedingungen bedürfen zu ih-
> rer Wirksamkeit der schriftlichen Bestätigung des Auftraggebers. Die
> AEB gelten auch, wenn wir eine Leistung des Auftragnehmers zu des-
> sen allgemeinen Lieferbedingungen erhalten haben."

Mit dieser Formulierung gelten Ihre AEB, auch wenn der Lieferant zu
seinen AGB den Auftrag bestätigt hat. Eine Einschränkung hat allerdings diese Regelung: Wenn der Verkäufer trotzdem auf seine AGB
besteht und es kommt zum Rechtsstreit, dann gelten weder Ihre AEB,
noch die AGB des Lieferanten, sondern das Bürgerliche Gesetzbuch
(BGB).

Standardpraktik

Die Standardpraktik soll dem anderen den Eindruck verschaffen, dass
die getroffenen Vereinbarungen so üblich und für beide Seiten optimal
sind. Bei Privatleuten wird diese Taktik bevorzugt angewendet, wenn es
um Verträge geht. Bestimmt haben Sie auch schon bei Abschluss einer
Versicherung festgestellt, dass oft eine Laufzeit von fünf Jahren bereits
fest in das Formular gedruckt war. Sie wollten eigentlich nur ein Jahr
abschließen, jedoch – nachdem bereits die fünf Jahre fix genannt wurden – sind Sie davon ausgegangen, dass dies wohl so üblich sei. Und
Sie haben unterschrieben. Fallen Sie nächstes Mal nicht mehr darauf
rein! Es ist nur ein Versuch des Versicherers, Sie lange an ihn zu bin-
den. Wenn Sie nur ein Jahr abschließen möchten, dann streichen Sie die
fünf Jahre durch und tragen die gewünschte Laufzeit ein. Machen Sie
sich bewusst, Sie sind der Kunde!

Auf den Einkauf übertragen: Sie haben Standardkonditionen von zum
Beispiel 14 Tage 3 % Skonto, 30 Tage netto. Möchte ein neuer Lieferant ins Geschäft mit Ihrem Unternehmen kommen, ist auch Voraussetzung, dass er Ihre Konditionen akzeptiert. Sie sagen, dass diese Konditionen so üblich bei Ihnen seien und mit allen Lieferanten vereinbart
sind.

Fristen setzen

Die Taktik „Fristen setzen" können Sie anwenden, wenn der Verkäufer versucht, auf Zeit zu spielen. In diesem Fall können Sie ihm eine Frist setzen, bis wann er sein letztes Angebot für eine Preisreduzierung bei Ihnen abgeben soll. Hervorragend klappt dies bei neuen Lieferanten, denn sie wollen mit Ihnen ins Geschäft kommen. Ebenfalls gut funktioniert diese Taktik, wenn Wettbewerb herrscht, Sie also die Lieferanten problemlos austauschen können.

Handelt es sich um ein Jahresgespräch mit einem Lieferanten, der eine Quasi-Monopolstellung hat, seien Sie damit vorsichtig. Liegt eine gewisse Abhängigkeit vor, sollten Sie sich nicht zu weit aus dem Fenster lehnen.

Ablenken

Ziel des Ablenkens ist es, woanders ein Feuer zu entfachen, um letztlich sein eigentliches Ziel zu erreichen. Diese Taktik wird ganz sicher auch in der Politik angewendet. Können Sie sich daran erinnern, als 1997 die damalige Regierung versuchte, die Lohnfortzahlung im Krankheitsfall abzuschaffen? Dieser Versuch war allerdings fehlgeschlagen. Bürger und Gewerkschaften protestierten so lange, bis der Vorschlag zurückgezogen wurde. Wissen Sie auch, was danach geschah? Wenige Wochen später wurde versucht, den Beitrag zur Rentenversicherung zu erhöhen. Auch das klappte nicht. Doch wissen Sie auch, was letztlich wenige Wochen später – ohne Aufschrei der Masse – umgesetzt wurde? Die Mehrwertsteuer wurde von 15 % auf 16 % erhöht und so gut wie niemand hatte sich darüber aufgeregt! Das ist die Taktik des Ablenkens: Woanders ein oder mehrere Feuer entfachen, dann die andere Partei beziehungsweise die Masse sich dort austoben lassen, um schließlich sein wahres Ziel zu erreichen.

Wie können Sie diese Taktik in der Einkaufsverhandlung anwenden? Sie könnten beispielsweise eine Zeit lang mit dem Lieferanten über eine Preisreduzierung diskutieren. Sie kommen zu keinem Ergebnis, eine Reduzierung lehnt er ab. Daraufhin bringen Sie ihn dazu, wenigstens einer Skontoerhöhung von 2 % auf 3 % zuzustimmen. Dies akzeptiert er. Die Skontoerhöhung war Ihr eigentliches Ziel.
Warum akzeptiert der Verkäufer Ihr wahres Ziel? Weil Sie bewusst ein oder mehrmals nachgegeben haben. Sie sind freiwillig in die Verliererrolle gegangen. Wenn er jetzt wieder ablehnt, dann macht er Sie kom-

plett zum Verlierer und das will er nicht. Also gibt er nach. Deswegen kann es sinnvoll sein, das wahre Ziel ganz zum Schluss der Verhandlung zu nennen. „Lieber eine Schlacht verlieren, und dafür den Krieg zu gewinnen" lautet eine alte Kriegsstrategie.

Scheinbarer Rückzug

Waren Sie schon einmal auf einem Basar in einem arabischen Land? Dann haben Sie bestimmt auch schon um den Preis für irgendwelche Souvenirs gefeilscht und den Stand verlassen, nachdem der Händler nicht auf Ihren Wunschpreis einsteigen wollte. Was passierte dann oft? Der Händler lief Ihnen hinterher, um Sie an seinen Stand zurückzuholen und letztlich doch den Wunschpreis mehr oder weniger zu akzeptieren. Das ist die Taktik des „Scheinbaren Rückzugs". Sie geben dem anderen das Gefühl, kein Interesse mehr zu haben und wenden sich ab. Manchmal ist der Verkäufer dann doch noch zu Zugeständnissen bereit.

Versuchen Sie es doch einmal bei austauschbaren Lieferanten. Wenn Ihr Verhandlungspartner Ihnen nicht weiter entgegenkommen möchte, sagen Sie „Wir kommen nicht weiter, ich habe Wichtigeres zu tun." Dann stehen Sie auf und bitten den anderen zur Tür. Mit etwas Glück wird er sagen: „Jetzt warten Sie doch. Ich kalkuliere nochmals nach und schaue, was ich tun kann."

Guter Mensch – Böser Mensch

Richtig spannend ist diese Taktik. Sie nennt sich „Guter Mensch – Böser Mensch" oder auch „Good Guy – Bad Guy" und ist ein Rollenspiel. Ziel dieses unfairen Spiels ist es, den Verkäufer durch Einschüchterung zu einer Preisreduzierung zu bringen.

In der Praxis sprechen sich zwei Einkäufer ab. Normalerweise spielt der Einkaufsleiter den Bösen und der Einkäufer den Guten, denn der Einkäufer soll schließlich danach im Tagesgeschäft mit dem Verkäufer klar kommen. Zu Beginn der Verhandlung ist es die Aufgabe des bösen Einkaufsleiters, den Lieferanten einzuschüchtern. Dies wird durch Drohungen und rhetorische Mittel erreicht. Dabei nennt er auch das Maximalziel. Nach eine Weile verlässt der Böse den Raum mit den Worten „Ich habe Wichtigeres zu tun. Machen Sie das mit meinem Mitarbeiter aus." Erst, wenn der Böse gegangen ist, kann jetzt der gute Einkäufer vermitteln. Quasi als Verbündeter des Lieferanten, versucht er eine

Lösung zu vereinbaren, die unter den aktuellen Umständen ideal für den Verkäufer ist. In Wirklichkeit entspricht das Ergebnis genau dem Minimalziel, das sich die beiden Einkäufer vorgenommen hatten.

Zermürbungstaktik

Wenn wir schon bei den unfairen Taktiken sind, dann sollten wir auch über die Zermürbungstaktik sprechen. Wie bereits gesagt, es ist Ihre Entscheidung, welche Taktiken Sie anwenden. Ich bin kein Freund dieser Methoden, da Sie unfair sind, nichts mit einer „Zwei-Gewinner-Lösung" zu tun haben und die Partnerschaft in Frage stellen. Da es jedoch passieren könnte, dass Sie selbst Opfer dieser negativen Taktiken werden, gehen wir darauf ein.

Die Zermürbungstaktik wird bevorzugt in Branchen eingesetzt, bei denen ein starker Verdrängungswettbewerb herrscht und die gelisteten Lieferanten sich aufgrund des hohen Umsatzanteils mit diesen Kunden in einer Abhängigkeit befinden. Diese Kombination wird von manchen Einkäufern gnadenlos ausgenutzt. Typische Beispiele für die Zermürbungstaktik sind:

- Obwohl eine Uhrzeit vereinbart wurde, lässt man den Verkäufer zwei Stunden warten.
- Die Sitzposition wird bewusst so gewählt, dass sich der Verkäufer unwohl fühlt (von Licht geblendet, Tür im Rücken).
- Es werden keine Getränke gereicht.
- Bereits nach wenigen Minuten wird der Einkäufer laut.
- Steht der Verkäufer unter Zeitdruck, da er zum nächsten Kunden muss oder sein Flugzeug bald abfliegt, verzögert man bewusst das Ende der Verhandlung.
- Es werden keine Verträge vereinbart. Der Einkauf lässt alles offen, der Lieferant erhält keine Zusagen. Man droht mit sofortiger Auslistung, wenn irgendetwas schief läuft.
- Es wird vom Lieferanten erwartet, auf seinem Mobiltelefon immer (24 h am Tag, 7-Tage die Woche) erreichbar zu sein und sofort zu reagieren.

Verzögerungstaktik

Sie haben alles probiert und kommen trotzdem zu keiner Preisreduzierung oder Preisstabilität? Dann sollten Sie die Verzögerungstaktik anwenden. Bringen Sie Themen in die Verhandlung ein, die mit „Hausaufgaben" für beide Parteien enden. Dadurch können Sie den Erhöhungstermin nach hinten verlegen. Solche „Hausaufgaben" können sein:

- Der Lieferant soll prüfen, ob durch Maßnahme X Kosten eingespart werden können.
- Sie möchten erst noch einmal mit der Fachabteilung oder Ihrem Chef sprechen.
- Die vom Verkäufer genannten Daten akzeptieren Sie so nicht und fordern eine Prüfung.

8.2   Die Taktik der Grundeinstellung

Was ist mit dieser Taktik gemeint? Es geht wieder um Ihre Einstellung, dieses Mal zum Verhandeln selbst. Sie haben zu Beginn des Buches einiges über die Bedeutung der richtigen Einstellung gelesen. Die richtige Einstellung zu haben und motiviert zu sein, ist wohl die wichtigste Taktik überhaupt. Was nützen Ihnen irgendwelche Argumente und Taktiken, wenn Sie gar nicht hinter Ihrem Beruf und Ihrer Firma stehen? Deswegen prüfen und optimieren Sie Ihre Sichtweise zu den folgenden Aussagen über das Verhandeln:

- Ich kommuniziere gerne mit anderen Menschen.
- Verhandeln sehe ich als eine Herausforderung an.
- Ich bereite mich intensiv auf die Verhandlung vor.
- Ich setzte mir klare Ziele und arbeite auf sie zu.
- Einwänden des Lieferanten sehe ich gelassen entgegen.
- Die „Zwei-Gewinner-Lösung" nehme ich ernst.
- Ich kann auch mit schwierigen Gesprächspartnern umgehen.

Wie ist Ihre Einstellung zu Preiserhöhungsforderungen des Lieferanten? Sie sollten grundsätzlich Widerstand leisten. Erstes Ziel sollte immer eine Preisreduzierung sein. Wenn Sie Ihr Bestes gegeben haben und zu keinem Ergebnis kommen, dann kommt das zweite Ziel einer Nullrunde zum Tragen. Haben Sie auch jetzt alles probiert und kommen zu keiner Lösung, erst dann sind Sie bereit über eine Preiserhöhung zu sprechen.

Die Reihenfolge der Verhandlungsziele:

1. Versuchen Sie eine Preisreduzierung zu erreichen!
2. Versuchen Sie eine Nullrunde zu verhandeln!
3. Verhandeln Sie eine möglichst geringe Preiserhöhung!

Leisten Sie Widerstand! Wie Sie argumentieren können, haben wir bereits weiter oben besprochen. In Seminaren können Sie zahlreiche weitere Argumente und Taktiken kennen lernen. Nutzen Sie auch dieses Medium der Weiterbildung!

Seien Sie vorsichtig mit einem zu schnellen Entgegenkommen! Wie wirkt das auf Sie, wenn Sie Ihrem Lieferanten zu Beginn der Verhandlung sagen, dass Sie eine Preisreduzierung von 10 % möchten und der Verkäufer antwortet: „10 % ist etwas viel, wären Sie mit 8 % Preisreduzierung einverstanden?" Sicher denken Sie, da muss ja noch viel mehr drin sein und werden beim nächsten Mal noch höhere Ziele setzen. Ein guter Verkäufer wird immer um jedes Prozent kämpfen, auch wenn er den Spielraum hat. Machen Sie es genauso: Kämpfen Sie um jedes Prozent!

8.3 Differenzierte Verhandlungsführung

Es gibt zahlreiche Verhandlungsstrategien. Wichtig ist, dass Sie flexibel bleiben. Wer immer nur die gleiche Strategie anwendet, wird von den Verkäufern schnell durchschaut. Deswegen ändern Sie immer wieder den Weg! Auch innerhalb des Gesprächs kann eine plötzlicher Wechsel massiv zur Verunsicherung des Verkäufers beitragen.

Zum Beispiel:

- Wechsel von Harmonie zu Unnachgiebigkeit.
- Wechsel zwischen Gesprächsleitung und Zuhören.
- Plötzlicher Wechsel von der Preisverhandlung zur Frage, wie der letzte Urlaub war.
- Zuckerbrot & Peitsche: Wechsel zwischen Druck auf den Verkäufer und Nutzen, den der Verkäufer durch die neue Vereinbarung hat (konkrete Perspektiven aufzeigen).

8.4 Taktiken bei Monopolisten

Die meisten Monopolsituationen sind hausgemacht. Eine zu einseitige Fixierung auf bestimmte Technologien, eine zu frühe Festlegung auf einen Lieferanten oder einfach die schwache Recherche am Beschaffungsmarkt lassen einen Lieferanten zum Monopolisten werden.

Wie gehen Sie eine solche Situation an?

Zuerst sollten Sie folgende Frage beantworten: Glauben Sie, dass Sie bei Monopolisten Preisreduzierungen durchsetzen können? Wenn Sie jetzt denken „Das ist unmöglich!", dann haben Sie Recht. Denn dann werden S i e niemals eine Preisreduzierung erreichen. Warum? Weil Sie gar nicht den Glauben und somit die Motivation haben, Ihre Bestes zu geben. Es beginnt in Ihrem Kopf, die Basis für den Erfolg zu schaffen!

Schauen Sie sich einmal den folgenden Cartoon an:

Was wir von HÄGAR lernen können ...

Dieser Cartoon bringt es auf den Punkt: Denken Sie wie HÄGAR oder wie sein Kumpel? Haben Sie Vertrauen, ein gutes Ergebnis zu erreichen oder nicht? Was sind Sie bereit dafür zu tun?

Haben Sie den Glauben und somit die Überzeugung, auch bei Monopolisten gute Verhandlungsergebnisse erzielen zu können, dann werden Sie Ihr Bestes geben und weitermachen, auch wenn Sie zwischendurch eine Niederlage akzeptieren müssen. Niederlagen zu haben, gehört zum

Geschäft. Entscheidend ist, daraus zu lernen und es wieder zu probieren.

> „Nicht der, der hinfällt, hat verloren, sondern der, der liegen bleibt."
>
> Boxerregel

Haben Sie Geduld und seien Sie beharrlich! Profi-Verhandler versuchen es auf mindestens sieben Ebenen, um zum Erfolg zu kommen. Der schlechte Einkäufer gibt schon nach wenigen Einwänden des Lieferanten auf. Er legt nach der Verhandlung die Akte ab und holt sie erst wieder hervor, wenn die nächste Verhandlung ansteht. Der Top-Einkäufer dagegen bleibt am Thema, nutzt die Zeit bis zum nächsten Treffen und passt seine Strategie an.

Unser Umsatz ist so gering!

Natürlich gibt es Situationen, die wirklich eine Herausforderung sind, beispielsweise wenn Ihr Umsatz mit dem Monopolisten sehr gering ist und der Verkäufer deswegen zu keinen Zugeständnissen bereit ist, weil er auf Sie als Kunden verzichten kann. Doch auch hier gibt es eine Regel:

> Kein Verkäufer möchte Umsatz verlieren!

Es ist ein typischer Verkäufertrick, dem Einkäufer die Bedeutungslosigkeit als Kunde bewusst machen zu wollen, um ihn dadurch einzuschüchtern. Stellen Sie Ihre Ohren auf Durchzug, wenn der Verkäufer das andeutet. Fragen Sie ihn: „Wollen Sie damit ausdrücken, dass wir für Sie als Kunde völlig unwichtig sind?" In den meisten Fällen wird der Verkäufer seine zuvor gemachte Aussage zurücknehmen. Dann können Sie wieder ansetzen.

Prüfen Sie auch selbst die Bedeutung des Lieferanten für Ihr Unternehmen: Wenn Ihr Umsatz mit dem Monopolisten niedrig ist, dann sollten Sie den Aufwand für die Verhandlungsvorbereitung sowieso gering halten. Auch auf das Risiko hin, nicht das beste Verhandlungsergebnis zu erreichen. Konzentrieren Sie sich besser auf die Lieferanten und Projekte, wo viel Geld investiert wird!

Der Lieferant hat ein Patent auf sein Produkt!

Stellen Sie sich folgende Situation vor: Sie kaufen seit einiger Zeit von einem Lieferanten ein Produkt, das unbedingt Ihr Fachbereich haben möchte. Qualität und Service sind wirklich gut. Der Lieferant hat ein Patent auf sein Produkt angemeldet. Versuche von Wettbewerbern, ein ähnliches Produkt auf den Markt zu bringen, wurden bisweilen mittels einer Patentklage des Lieferanten unterbunden. Sich seiner Macht bewusst, erhöht er jedes Jahr den Preis. Sie haben schon „alles" in der Verhandlung probiert, finden aber keine Lösung. Was könnten Sie noch tun?

Unterscheiden Sie in Sach- und Verhandlungsebene. Mit Sachebene ist alles gemeint, was Sie vor der Verhandlung tun sollten, um einen Hebel für die Preisverhandlung zu bekommen. Mit Verhandlungsebene sind die Taktiken gemeint, die Sie in der Verhandlung nutzen.

Lösungsideen auf der Sachebene:
- Prüfen Sie, in welchen Ländern der Lieferant ein Patent hat und wann es ausläuft.
- Kontaktieren Sie Quasi-Wettbewerber. Vielleicht sind sie mittlerweile an einer Neuentwicklung, die am Patent des bisherigen Lieferanten vorbei geht.
- Prüfen Sie: Gibt es Möglichkeiten dem Monopolisten anderweitig Umsatz wegzunehmen oder in Aussicht zu stellen?
- Sprechen Sie mit dem Fachbereich und überzeugen Sie ihn, dass er Sie bei der Verhandlung unterstützt. Konkret heißt das: Obwohl er das Produkt von diesem Lieferanten haben möchte, tritt er in der Verhandlung so auf, als wäre noch alles offen und macht dem Verkäufer bewusst, unter welchem Kostendruck wir stehen und deswegen seine Unterstützung brauchen.

Analysieren Sie diese Möglichkeiten und mit etwas Glück finden Sie Hebel, die Sie in der Verhandlung nutzen können. Nehmen Sie sich die Zeit! Nutzen Sie die Phase zwischen den Jahresverhandlungen!

Lösungsideen auf der Verhandlungsebene:
- Machen Sie dem Monopolisten den Marktdruck bewusst. Sie brauchen seine Unterstützung genauso, wie von allen anderen Lieferanten.
- Versuchen Sie durch eine Kostendiskussion zu Einsparungen zu kommen. Die erzielten Einsparungen werden in Preisreduzierun-

gen umgesetzt. Dies kann eine Diskussion sein oder sogar ein professioneller KVP-Workshop.
- Bringen Sie den Fachbereich mit in die Verhandlung (s. oben). Aber unbedingt vorher auf die Sache und das Ziel einschwören!
- Holen Sie zeitweise Ihre Geschäftsführung mit in die Verhandlung, um die Bedeutung des Themas „Preissenkung" zu erhöhen. Vergessen Sie nicht, auch hier vorher sauber zu „briefen".
- Wenn möglich, stellen Sie ihm Mehrumsatz in Aussicht. Vielleicht gibt es noch andere Produkte aus anderen Bereichen, die er auch liefern könnte. Voraussetzung sind wettbewerbsfähige und ein Entgegenkommen bei den Produkten, wo er (noch) Monopolist ist.
- Bieten Sie ihm einen Langzeitvertrag an.

Bereiten Sie sich sehr gut vor!

Was für alle wichtigen Verhandlungen gilt, gilt noch mehr für Verhandlungen mit Monopolisten: Bereiten Sie sich sehr gut vor!

Viele Monopolisten neigen zur Selbstüberschätzung und sind deswegen oft schlecht vorbereitet. Nutzen Sie diese Schwachstelle!

Persönliche Ebene

Wenn Sie keine bedeutenden Argumente auf der Sachebene haben, dann kann Ihnen die persönliche Ebene helfen. Machen Sie sich den Monopolisten zum Freund! Wer will schon einen Freund mit überzogenen Preiserhöhungen ärgern?

Beispielsweise könnten Sie folgendes tun:

- Holen Sie den Verkäufer beim Pförtner ab.
- Führen Sie eine Werksbesichtigung mit ihm durch.
- Laden Sie ihn zum Essen ein.
- Auf einem Lieferantentag heben Sie ihn besonders hervor.
- Sie bieten ihm an, in einem Expertenkreis mitzuarbeiten.
- Sie zeigen auch privat Interesse.

Wenn die Chemie zwischen Ihnen und dem Verkäufer grundsätzlich stimmt, können Sie diese ausbauen. Verkaufs-Psychologen haben festgestellt: Je besser die Freundschaft zwischen Verkäufer und Einkäufer, desto loyaler verhält sich der Einkäufer gegenüber dem Lieferantenbetrieb. Sein Wunsch nach Preisverhandlung lässt nach, bei neuen Projekten versucht er immer den Lieferanten einzubeziehen. Drehen Sie den Spieß herum! Machen Sie sich den Monopolisten zum Freund!

Gehen Sie nicht in die Erwartungshaltung, dass Sie mit allen Monopolisten zu Einsparungen kommen – das wäre unrealistisch. Realistisch ist, dass Sie bei einigen oder sogar vielen Erfolg haben werden.

Es gibt viele Möglichkeiten auf der Sach- und Verhandlungsebene, Preis- und Konditionsoptimierungen auch bei Monopolisten zu verhandeln. Grundsätzlich passen fast alle bisher genannten Methoden. Machen Sie sich diese nochmals bewusst und probieren es sie aus! Entscheidend ist, dass Sie dranbleiben!

8.5 Die Tricks der Verkäufer

So, wie es viele Einkäufertaktiken gibt, so nutzen auch die Verkäufer zahlreiche Möglichkeiten uns Einkäufer zu beeinflussen. Viele Taktiken sind sogar übertragbar „auf die andere Seite". Sie brauchen nur die Sichtweise zu verändern.

Wie erhalte ich einen Auftrag?

„Maverick-Buying" hatten wir bereits besprochen. Doch genau da liegt das Übel: Wenn der Fachbereich am Einkauf vorbei beste Kontakte zu Lieferanten hat, Entscheidungen fällt, Zugeständnisse macht oder gar den Auftrag erteilt. Was nützt die beste Verhandlungskunst eines Einkäufers bei dieser Organisationsform? Stellen Sie sich vor, Sie wären Verkäufer und haben vom Fachbereich des Kunden bereits signalisiert bekommen, dass Sie den Auftrag erhalten werden. Wären Sie dann noch bereit, irgendwelche Zugeständnisse dem Einkäufer zu machen?

Deswegen wird ein Profi-Verkäufer, der bei Ihnen ins Geschäft kommen möchte, niemals zum Einkauf gehen, um sich und seine Produkte bzw. Dienstleistungen vorzustellen. Wo wird er den Erstkontakt suchen? Natürlich beim Bedarfsträger! Möchte er beispielsweise eine Produktionsmaschine verkaufen, versucht er den Kontakt über Produktion zubekommen. Die einzelnen Akquisitions-Schritte sind:

1. Den Produktionsleiter oder zuständigen Meister telefonisch kontaktieren.
2. Einen Vorstellungstermin vereinbaren.
3. Im Gespräch überzeugen, „kostenlos und unverbindlich" die Maschine einen Monat zu testen.
4. Meistens wird die Maschine nie mehr abgeholt, sondern bezahlt.

Beziehungsmanagement

Jeder gute Verkäufer wird zunächst einmal versuchen, zum Einkäufer eine gute persönliche Beziehung aufzubauen. Wie weiter oben zum Thema „Taktiken bei Monopolisten" beschrieben, wird auch der Verkäufer viele Informationen über den Einkäufer sammeln. Er wird sich über die beruflichen und privaten Interessen und Ziele informieren. Er wird nach jedem Gespräch mit Ihnen persönliche Daten und Vorlieben analysieren und in eine Datei aufnehmen. Dieses Wissen nutzt er für zukünftige Gespräche. Bis dahin so weit gut. Unseriöses Verhalten beginnt dann, wenn die persönliche Ebene in übertriebene Geschenke oder Einladungen zu teuren Veranstaltungen übergeht.

Unlauterer Umgang mit Informationen

Dass Einkäufer gerne bluffen, wenn es um die korrekte Planmenge eines neuen Projektes oder einen um „15 % günstigeren Alternativlieferanten" geht, ist bekannt. Auch die Verkaufsseite geht mit Informationen oft sehr egoistisch um oder verbreitet bewusst Falschmeldungen. Die Einkäufer, die sich fachlich nicht gut vorbereiten und den Markt für die zugekauften Rohstoffe nicht kennen, können leicht vom Verkäufer manipuliert werden. In den Falldiskussionen unserer Seminare fällt dies immer wieder auf: Einkäufer behaupten, dass der Preis für Rohstoff A um x % gestiegen ist. Nach Rückfrage, wie sie zu den Aussagen kommen, heißt es: „Das sagte der Lieferant." Die Recherche zeigt, dass entweder der Preis für den Rohstoff gar nicht gestiegen war oder nur um einen wesentlich niedrigeren Satz.

Rückzieher

Eine Stufe weiter als der „Scheinbare Rückzug", geht die Rückzieher-Taktik. Diese wird bevorzugt von Verkäufer angewendet. Stellen Sie sich vor, Sie möchten von einem Lieferanten einen weiteren Artikel in

Ihr Sortiment aufnehmen. Der Verkäufer will dafür 100,– EUR pro Stück haben. Sie lehnen den Preis ab und nennen 90,– EUR als Ziel. Sie verhandeln. Nach einer Weile kommt Ihnen der Verkäufer schrittweise bis auf 95,– EUR entgegen. Sie würdigen das, bestehen aber auf weitere Zugeständnisse. Daraufhin sagt der Verkäufer: „Tut mir leid, aber mehr kann ich nicht entscheiden. Ich schlage vor, mit meinem Chef zu sprechen. Ich rufe Sie morgen an und teile Ihnen mit, ob noch was möglich ist." Sie sind einverstanden. Am nächsten Morgen ruft Sie der Verkäufer an und sagt: „Ich habe schlechte Nachrichten. Als ich meinem Chef erzählt habe, dass ich Ihnen gestern von 100,– EUR auf 95,– EUR entgegen gekommen bin, hat er mir fasst den Kopf abgerissen. Er sagte, dass wir bei diesem Produkt keinen Spielraum haben, deswegen müsste es bei den 100,– EUR bleiben. Wie reagieren Sie? Viele Einkäufer versuchen sich jetzt nur das Ergebnis von gestern zu sichern und antworten: „Das ist ja eine Unverschämtheit! Gestern haben Sie mir 95,– EUR zugesagt und mehr werden wir auch nicht zahlen. Der Verkäufer gibt nach und bestätigt Ihnen 95,– EUR. Was hätte der clevere Einkäufer antworten sollen? Natürlich: „Verbinden Sie mich bitte zu Ihrem Chef – ich möchte mit ihm weiter verhandeln."

Was im Verkauf geht, geht auch im Einkauf. Auch Sie können diese Taktik anwenden – zum Beispiel mit Monopolisten. Stellen Sie sich vor, Ihr Lieferant will 7 % Preiserhöhung durchsetzen. Sie verhandeln intensiv und kommen ihm schrittweise auf 3 % Preiserhöhung entgegen. Der Verkäufer lehnt dies ab und besteht auf mindestens 6 % Preiserhöhung. Sie sagen, dass Sie mehr als 3 % nicht entscheiden dürfen und schlagen vor, mit dem Einkaufsleiter am nächsten Tag zu sprechen. Am kommenden Tag rufen Sie den Verkäufer an und sagen emotional geladen: „Tut mir leid, als ich ..." Ich denke, Sie können sich die Geschichte selbst zuende vorstellen. Mit etwas Glück wird auch der Verkäufer das Ergebnis von gestern akzeptieren. Probieren Sie es aus!

Mercedes-VW-Taktik

Kennt der Verkäufer den Einkäufer bereits als „notorischen Preiskämpfer", dann wird er bei der Vorstellung eines neuen Artikels die „Mercedes-VW-Taktik" anwenden. Er wird dem Einkäufer zuerst den Artikel in der besten Qualität und dem höchsten Preis nennen. Der Einkäufer wird dann sicher seinen Unmut über den hohen Preis eine Weile äußern. Danach stellt der Verkäufer ein Alternativprodukt in gehobener Qualität zum günstigen Preis vor. Dies wird den „Preis-Einkäufer" schnell überzeugen. Was bedeutet diese Taktik für Sie als Einkäufer? Passen Sie auf, dass Sie Äpfel mit Äpfeln vergleichen! Holen Sie sich möglichst Angebote von Lieferanten mit ähnlichen Artikeln ein. Wenn nur das qualitativ höhere Produkt für Sie in Frage kommt, versuchen Sie den Preis in Richtung auf das Niveau des günstigeren Produktes herunterzuverhandeln.

Aufwand- und Verkleinerungs-Methode

Der Verkäufer versucht den Mehrpreis seines Produktes in Beziehung zu setzen, um damit die Bedeutung des Unterschieds zu verharmlosen: „Dieser Toner kostet Sie nur eine Zigarette pro hundert Ausdrucke mehr, hat dafür aber folgende Vorteile ...".

Außerdem nennen die Verkäufer den Preis gerne in einem anderen Verhältnis: „Die Haftpflichtversicherung für Ihr Unternehmen kostet Sie nur 9,80 EUR am Tag."

Wie reagieren Sie darauf als Einkäufer? Entscheidend ist der Wettbewerbsvergleich: Qualität + Service + Preis. Prüfen Sie den Markt vor einer Entscheidung!

Teilungs-Methode

Ziel dieser klassischen Verkäufertaktik ist es, einen objektiven Vergleich mit Konkurrenzprodukten zu erschweren. Typisch hierfür sind niedrige Basispreise zuzüglich Sonderausstattungen und Sonderleistungen. Der Gesamtpreis wird nicht genannt.

Vorsicht ist gerade bei Investitionsgütern geboten! Passen Sie auf, dass Sie alle Kosten genannt bekommen! Entscheidend ist, dass in der Gesamtkostenbetrachtung das Produkt wettbewerbsfähig ist. Was nützt Ihnen der günstige Drucker, wenn das Verbrauchsmaterial oder die Ersatzteile unverhältnismäßig teuer sind? Diese Gesamtkostenbetrachtung nennt man im Neudeutschen auch „Total Costs of Ownership". Mit einer klaren Spezifikation, über das was Sie beziehungsweise der Bedarfsträger benötigt, können Sie einen konkreten Preisvergleich durchführen.

Einschüchtern, beim Wettbewerb (im Ausland) zu kaufen

Eine gern genutzte Taktik der Verkäufer: Der Einkäufer droht mit einem günstigeren Angebot eines Wettbewerbers im Ausland. Der Verkäufer reagiert, indem er dem Einkäufer die Gefahren aufzeigt. Nehmen wir folgendes Beispiel: Ihr Unternehmen baut gerade ein neues Verwaltungsgebäude. Sie sind der zuständige Einkäufer für Bauleistungen und verhandeln mit einer Fensterfirma:

„Wir haben Angebote von Markenfenstern aus verschiedenen Ländern, die im Schnitt 30 % unter Ihren Preisen liegen. Falls Sie nicht Ihre Preise anpassen können, werden wir die Fenster dort beschaffen müssen. Die Montage der Fenster möchten wir gerne mit Ihnen durchführen."

Reaktion des Lieferanten:

„Das mache ich nicht. Bedenken Sie bitte die Gefahren, die sich ergeben können. Stellen Sie sich vor, es fehlen Teile für die Montage der Fenster oder es gibt Probleme bei der Montage. Soll ich dann dort anrufen und dies klären? Vielleicht muss dann doch jemand von denen kommen. Haben Sie die Kosten dafür berücksichtigt? Wie sieht es aus mit Garantie? Wir können Ihnen keine geben. Kaufen Sie doch besser alles aus einer Hand, dann sind Sie auf der sicheren Seite."

Es gibt zahlreiche Möglichkeiten, wie Sie sich als Einkäufer verhalten können:

- Prüfen Sie, ob der ausländische Lieferant auch die Montage übernehmen kann. Die Reisekosten verhandeln sie als pauschalen Zuschlag.
- Zeigen Sie dem aktuellen Lieferanten auf, welchen Umsatz er durch die Montage machen kann.
- Stellen Sie dem aktuellen Lieferanten andere Projekte in Aussicht.
- Diskutieren Sie gemeinsam mit dem aktuellen Lieferanten, wie die Kommunikationsprobleme gelöst werden können.

9.1   Emotional intelligent verhandeln

Um was geht es bei der emotionalen Intelligenz nach Daniel Goleman? Kurz gesagt: Mit den eigenen Gefühlen und den Gefühlen anderer umgehen zu können. Emotionen angemessen ausdrücken zu können. Man kennt seine Gefühle und nutzt sie, um Entscheidungen zu treffen.

Die fünf Kräfte der emotionalen Intelligenz

1. Die eigenen Gefühle erkennen
2. Die eigenen Gefühle beherrschen
3. Die eigenen Gefühle einsetzen, um sich selbst zu motivieren
4. Die Gefühle anderer wahrzunehmen
5. Mit den Gefühlen anderer umgehen

Die eigenen Gefühle erkennen

Ist Ihnen das auch schon passiert: Ein Verkäufer, der sich seiner Marktmacht bewusst ist, lehnt auf arrogante Weise ein Entgegenkommen ab. Sie probieren es weiter, doch er bewegt sich nicht und wird sogar beleidigend. Wir reagieren Sie? Kann es sein, dass Sie plötzlich emotional ausrasten und dem Verkäufer laut Ihre Meinung sagen? Sie fühlen sich aggressiv und Ihre Stimme zittert. Nach dem Vorfall denken Sie sich: Warum ist mir das nur passiert?

Solche emotionalen Explosionen nennt Goleman neurale Überfälle. Untersuchungen zeigen, dass in solchen Augenblicken der Mandelkern, ein Zentrum im limbischen Gehirn, den Ausnahmezustand erklärt und das übrige Gehirn unter seine Befehlsgewalt stellt. Die Entgleisung geschieht überfallartig, so dass das denkende Gehirn keine Gelegenheit bekommt, rechtzeitig zu reagieren. Typisch für solch eine Entgleisung ist, dass die Betroffenen hinterher nicht mehr wissen, was über sie gekommen ist. Wir reagieren emotional, anstatt erst zu überlegen. Wir sagen oder tun etwas, was uns nachher peinlich ist.

Die eigenen Gefühle beherrschen

Gefühle, wie Angst und Zorn gehören zum Leben. Die Frage ist, wie sehr und wie lange sie mich berühren. Sind es vitale oder zerstörerische Gefühle? Emotionen sollen nicht unterdrückt werden, entscheidend ist, angemessen zu reagieren. Seit Platon ist bekannt, dass eine gewisse Selbstbeherrschung eine Tugend ist.

„Einsicht ist der erste Schritt zur Besserung" lautet ein altes Sprichwort. Genau darum geht es hier. Zuerst soll ich mir bewusst werden, dass ich wütend bin. Ich erkenne, dass ich das Gefühl der Wut in mir trage. Ich habe die Einsicht: Ich bin wütend. Erst dann kann ich darauf einwirken. Wie? Lernen Sie vor allem, sich selbst zu beruhigen, ehe die Emotion in Ihnen hochkommt. Wie Sie sich entspannen können, hatten wir bereits weiter oben besprochen. Grundsätzlich gilt:

Atmen Sie erst einmal tief durch, ehe Sie zu sprechen beginnen!

Lernen Sie auch, beunruhigende Gedanken aktiv zu bekämpfen. Sehen Sie das Problem, Ihre Sorgen, in einem neuen Licht. Verändern Sie Ihre Sichtweise! Verändern Sie Ihre Gedanken in Richtung einer Lösung: Zielorientiert.

Zum Beispiel: Der Verkäufer ist nervös und wird laut.

Anstatt „Der macht mich wütend.", denken Sie „Der arme Kerl, er hat bestimmt schlecht geschlafen oder hat Krach mit seiner Frau. Bestimmt steht er geschäftlich ganz schön unter Druck. Wie kann ich ihm helfen?

Ein anderes Beispiel. Vielleicht denken Sie „Jetzt kommt schon wieder dieser Lieferant. Bei der letzten Verhandlung hat er seine Preiserhöhung erreicht. Vielleicht schaffe ich es jetzt wieder nicht."

Denken Sie stattdessen: „Niederlagen gehören zum Erfolg. Ich bereite mich gut vor. Dieses Mal erreiche ich ein besseres Ergebnis. Wenn ich nur ein Teilergebnis schaffe, dann nutze ich die Zeit bis zum nächsten Treffen, um noch besser vorbereitet zu sein. Was kann ich aus dem Gespräch lernen, wie sollte ich meine Strategie anpassen? Entscheidend ist: Ich mache weiter!"

Die eigenen Gefühle einsetzen, um sich selbst zu motivieren

Erfolgreiche Menschen sind Optimisten. Sie akzeptieren die negativen Seiten im Leben, sie wissen, dass es Rückschläge gibt und konzentrieren sich auf die positiven Seiten, haben Ausdauer und Spaß an der Arbeit und am Leben.

Negative Gefühle blockieren unsere Aufnahmefähigkeit, sie beherrschen uns. Deswegen sollten Sie unbedingt eine positive Grundeinstellung haben, wie Hoffnung, Zuversicht und Optimismus. Führen Sie nochmals die Übungen zu Beginn des Buches zum Thema „Wie ist meine Einstellung?" durch. Machen Sie sich die Möglichkeiten und den Nutzen Ihrer Aufgabe, Einkäufer zu sein, wieder bewusst. Setzen Sie sich Ziele und arbeiten Sie darauf hin: beruflich und privat.

Der Optimist denkt über eine Niederlage: „Das lässt sich ändern."

Der Pessimist denkt über eine Niederlage: „Ich bin die Ursache."

Die Anker-Technik

Wir können von Hochleistungssportlern lernen. Diese stärken sich mental durch die Anker-Technik. Vielleicht haben Sie es auch schon im Fernsehen bemerkt – ideal in der Leichtathletik: Ehe der Sportler losläuft, um zum Beispiel über eine 2,20 m hohe Stange zu springen, macht er seltsame Übungen: Er hat die Augen geschlossen, durchlebt eine Zielvisualisierung, läuft imaginär die Strecke ab oder macht eine Faust. Letzteres ist die Anker-Technik.

Mittels eines Coachs hat sich der Sportler mehrere Erfolgserlebnisse aus der Vergangenheit bewusst gemacht. In einer Tiefenentspannung durchlebt er mit allen Sinnen dieses Positiverlebnis. Sobald er emotional ganz beteiligt ist, macht er eine Faust. Er verbindet quasi das Erfolgsgefühl mit dem Faustmachen. Dies wiederholt er mehrmals anhand verschiedener Erfolgserlebnisse. Nach einer Weile braucht er nur noch eine Faust zu machen und hat blitzartig das Gefühl von Erfolg und Zuversicht.

Was die Sportler können, können Sie auch. Machen Sie sich Ihre Verhandlungserfolge bewusst! Es wäre fatal, wenn Sie vor und während der Verhandlung an frühere Misserfolge mit diesem Lieferanten erinnern. Das entzieht Ihnen die Kraft! Der Verkäufer wird Ihre Schwäche und Unsicherheit spüren. Deswegen: Erinnern Sie sich an Ihre Erfolge!

Und wenn es bei diesem Lieferanten bisher keine besonderen Erfolge gab, dann erinnern Sie sich an Erfolgserlebnisse mit ganz anderen Lieferanten. Entscheidend ist das Gefühl. Deswegen: Verankern Sie Positiv-Erlebnisse, die Sie blitzartig abrufen können!

Die Gefühle anderer wahrnehmen

Als Empathie bezeichnet man die Fähigkeit eines Menschen, sich kognitiv in einen Menschen hineinzuversetzen, seine Gefühle zu teilen und sich damit über sein Verstehen und Handeln klar zu werden. Man nennt es auch Einfühlungsvermögen oder Mitgefühl.

Deswegen ist es empfehlenswert, bei der Vorbereitung der Verhandlung, sich in den Lieferanten zu versetzen. Stellen Sie sich vor, Sie wären der Verkäufer. Mit welchem Ziel und mit welchen Argumenten und Einwänden würden Sie sich auf das Gespräch vorbereiten? Was wäre Ihre Strategie? Welche Taktiken würden Sie anwenden? Was wären Sie bereit zu geben? Was müssten Sie vom Einkäufer hören, damit Sie bereit sind, im Preis nachzugeben? Idealerweise spielen Sie mit einem Kollegen diese Rolle durch: Sie sind der Verkäufer, Ihr Kollege der Einkäufer.

In der Verhandlung ist Empathie ebenfalls sehr wertvoll: Die Kunst, sich in den Gesprächspartner „einzufühlen". Dann verstehen Sie besser, warum er so spricht und handelt, was seine wahren Motive sind. Versuchen während des Gesprächs in die Rolle des anderen zu springen und nehmen Sie wahr, was Sie dann denken und fühlen.

Empathisches Feedback

Ziel dieser Technik ist es, dem Gesprächspartner immer wieder eine Resonanz zu geben. Dadurch schenken wir dem anderen Beachtung und würdigen seine Argumente. Außerdem dient es als Kontrolle, ob das Verständnis gleich ist.

Akustisch-optische Resonanz
Diese Rückmeldung erfolgt durch Bestätigungslaute, wie „ja" oder „mh", verbunden mit einem Blickkontakt und Nicken.

Paraphrasieren

Dieses Wort kommt aus dem Griechischen und bedeutet „zusammenfassen, mit anderen Worten wiedergeben". Diese hilft, den Redebeitrag des Verhandlungspartners in kleinere Portionen einzupacken. So kann man einen weit ausholenden Gesprächspartner unterbrechen und das Gesagte zusammenfassen. Einleiten können Sie zum Beispiel so:

- „Wenn ich Sie richtig verstehe, dann ..."
- „Mit anderen Worten, Sie möchten ..."
- „Darf ich Ihre Aussage nochmals zusammenfassen?"

Notizen machen

Wenn Sie sich Notizen machen, signalisieren Sie dem anderen damit das Gefühl der Wichtigkeit seiner Aussage. Diese Methode können Sie natürlich auch nur als Taktik nutzen, um den Verkäufer auf eine falsche Fährte zu führen. Denkt er: „Aha, meine Argumente zur Qualität unserer Produkte haben gewirkt – der Einkäufer macht sich dazu sogar Notizen.", dann fühlt er sich sicher. Jetzt können Sie ihn mit einer Gegenargumentation, mit der er ganz sicher nicht gerechnet hat, ziemlich verunsichern. Zum Beispiel sagen Sie: „Unser Fachbereich findet übrigens die vereinfachte Version Ihres Wettbewerbers auch sehr interessant."

Anteilnahme

Achten Sie darauf, dass Sie nicht die Gefühle des anderen ignorieren. Nehmen wir folgendes Beispiel:

Verkäufer: „Ihre Zahlungsmoral ist wirklich schlecht. Sie haben schon wieder Skonto gezogen, obwohl Sie das Zahlungsziel um eine Woche bereits überzogen hatten."

Einkäufer: „Was wollen Sie denn, seien Sie froh, dass Sie überhaupt Geld erhalten."

Diese primitive zynische Antwort des Einkäufers wird den Konflikt eskalieren lassen. Besser wäre es, den Fehler selbstbewusst einzugestehen, zum Beispiel:

Einkäufer: „Ich kann gut nachvollziehen, dass Sie das ärgert. Unsere Buchhaltung ist überlastet. Trotzdem sollte das nicht passieren. Ich werde den Fall prüfen, und hoffe, dass dies eine Ausnahme bleibt."

Es ist empfehlenswert, so zu reagieren. Damit zeigen Sie Verständnis. Wichtig ist, dass Sie nach der Bestätigung eine Sprechpause machen, um die emotionale Wirkung beim anderen zu verstärken.

Mit den Gefühlen anderer umgehen

Erleben Sie den Verkäufer als arrogant in der Verhandlung, besteht die Gefahr, dass Sie sich unwohl fühlen und Aggressionen gegen ihn aufbauen. Eine sachliche Verhandlung ist kaum noch möglich. Ursache für Ihr Unwohlsein ist allerdings nicht der Verkäufer, sondern Ihre Interpretation. Könnte es nicht auch sein, dass andere Gesprächsteilnehmer den Verkäufer gar nicht arrogant empfinden? Jeder Mensch schaut durch „seine Brille". Jeder Mensch erlebt demnach die Welt, die Umstände, die Menschen anders. Die Lösung lautet, unsere Sichtweise zu verändern. Wenn andere den vermeintlich arroganten Verkäufer nicht als arrogant empfinden, dann können Sie das auch lernen: Legen Sie den Schalter um, verändern Sie Ihre Sichtweise! Betrachten Sie die Situation mit Distanz und entspannen Sie sich!

Zeigen Sie Empathie! Versuchen Sie sich in den Verkäufer hinein zu versetzen. Warum zeigt er Ihnen gegenüber dieses Verhalten? Weil ein Gedanke in seinem Kopf eine Emotion auslöste. Und diese Emotion wiederum ist die Ursache für sein Handeln. Vielleicht haben Sie ihn provoziert? Vielleicht haben Sie auch gar nichts damit zu tun. Gehen Sie innerlich auf Distanz und versuchen Sie das Geschehen als Beobachter zu betrachten.

Haben Sie Verständnis für sein Verhalten. Das heißt nicht, dass Sie es akzeptieren. Sie sollen damit nur die innere Distanz bekommen, um souverän weiterverhandeln zu können.

9.2 Wie Sie unfaire Verhaltensweisen der Verkäufer abwehren

Was können Sie tun, wenn Sie es mit einem wirklich aggressiven und unfairen Verhandlungspartner zu tun haben? Diese mangelnde Fairness des Verkäufers kann sich in verschiedenen Formen zeigen, zum Beispiel durch:

- Killerphrasen
- Spöttische Blicke
- Unterbrechungen
- Laut werden
- Ironie bis zum Sarkasmus
- Beschimpfungen
- Drohungen
- Unnachgiebigkeit

Manchmal kann es besser sein, die Verhandlung zu beenden. Natürlich sollten Sie sich auch die Grundsatzfrage beantworten: „Sind Sie noch zu einer Geschäftsbeziehung mit diesem Lieferanten bereit?" Oft ist es besser, mit der Situation umgehen zu können, um doch zum Erfolg zu kommen. Im Folgenden gehen wir auf einige Möglichkeiten ein.

Schweigen Sie und sammeln Sie Ihre Gedanken!

Sagen Sie erst einmal überhaupt nichts und schauen Sie dem anderen ruhig in die Augen. Atmen Sie dabei tief durch den Bauch. Nehmen Sie eine aufrechte Haltung ein. Lassen Sie innerlich vom anderen los und sammeln Sie Ihre Gedanken. Sie gewinnen Zeit und können jetzt schlagkräftig reagieren. Ergreifen Sie erst dann das Wort, wenn Sie spüren, dass Sie die innere Ruhe dafür haben.

Stellen Sie Fragen!

Durch Fragen kommen Sie in die Tiefe und übernehmen wieder die Zügel in der Verhandlung. Sagt zum Beispiel der Verkäufer: „Ihre Art der Verhandlungsführung ist eine Zumutung. Unter diesen Umständen haben wir kein Interesse mehr, mit Ihnen zusammen zu arbeiten. Kaufen Sie doch die Sachen woanders!", dann könnten Sie mit folgender Aussage und Frage kontern:

„Es tut mir leid, wenn ich Sie durch mein Verhalten provoziert habe. Das war nicht meine Absicht. Können Sie mir genauer sagen, was Sie an der Verhandlung stört?"

Durch das Hinterfragen kommen Sie zu der Ursache des Unmuts und können dann lösungsorientiert weiter verhandeln. Übrigens: Sich selbst für ein Fehlverhalten zu entschuldigen, ist ein Zeichen von Stärke.

Senden Sie Ich-Botschaften!

Stellen Sie sich vor, der Verkäufer fängt an, laut und aggressiv zu werden. Wenn Sie dann ebenfalls aggressiv reagieren, ist die Eskalation fast vorprogrammiert. Es wirkt dann wie ein Angriff.

Senden Sie besser eine Ich-Botschaft:

„Mich stört der aggressive Ton im Augenblick. Bitte lassen Sie uns ruhig und sachlich weiterverhandeln."

Probieren Sie es einmal aus, dabei sogar mit Ihrem Zeigefinger auf sich zu deuten. Oft wird der Verkäufer sich für sein Verhalten entschuldigen und ruhiger werden.

Gehen Sie auf die META-Position!

Versuchen Sie, sich in Ihrer Vorstellung als Beobachter der Verhandlung zu sehen. Derjenige, der da unfair behandelt wird, sind nicht Sie, sondern eine Person, die Sie beobachten. Sie sehen nur, wie unangemessen sich der Verkäufer gegenüber dieser Person aufführt, und versuchen, seine Art von außen zu analysieren. Durch diese Methode hilft Ihnen, Ihre Emotionen zu zügeln.

Machen Sie eine Pause!

Schlagen Sie vor, eine Pause zu machen, etwa um auf die Toilette zu gehen. Die Bewegung wird Ihnen auch helfen, wieder Ruhe und Kraft zu finden.

Swish-Technik

Wenn Sie innerlich das starke Empfinden spüren, den Verhandlungspartner ebenfalls zu beschimpfen, können Sie stattdessen die Swish-
Technik anwenden. Schreiben Sie stichwortartig die Beschimpfungen,
die Sie ihm an den Kopf werfen wollen, auf ein Blatt Papier. Nach der
Verhandlung zerreißen Sie das Blatt Papier und bringen dabei Ihre ganze Wut hinein. Das befreit.

10.1 Arbeiten Sie mit Zusammenfassungen!

Der Einsatz von Zusammenfassungen ist wichtig. Gerade bei zeitlich lang andauernden Verhandlungen oder in brisanten Situationen. Es ist empfehlenswert, zwischendurch, vor Pausen und vor allem vor Verhandlungsschluss den Verhandlungsstand zusammenzufassen. Dies sollte gemeinsam erfolgen und schriftlich, zum Beispiel am Flip-Chart, visualisiert werden.

Die Vorteile:

- Verhandlungen, die aus dem Ruder laufen, können wieder auf das Ziel ausgerichtet werden.
- Sie können Zwischenergebnisse festmachen.
- Sie erhalten vom Gesprächspartner Feedback zum Verhandlungsstand.
- Wichtige Ergebnisse werden nicht vergessen.

10.2 Der positive Abschluss der Verhandlung

Die Beziehungsebene hat auch beim Ausstieg eine große Bedeutung. Deshalb gilt auch zum Abschluss der Verhandlung: Mensch vor Sache. Der menschliche Kontakt soll gefestigt werden. Bewährt hat sich dazu das Feedback. Sie als Einkäufer können dem Verkäufer sagen, wie Sie sich in der Verhandlung gefühlt haben und wie Sie ihn erlebt haben. Fordern Sie dann den Verkäufer auf, seine Eindrücke zu schildern. Zum Schluss können Sie wieder zum Smalltalk zurückkehren: „Fahren Sie jetzt zurück oder direkt zum nächsten Kunden? Beachten Sie dabei die Verkehrslage. Ich empfehle Ihnen, die A3 zum umfahren." Oder auch: „Grüßen Sie Frau/Herrn ... von mir! Ist sie/er wieder aus dem Urlaub zurück? Wie war es in Ägypten?"

10.3   Aktennotiz, Maßnahmenkatalog oder Protokoll?

Sie haben sich zahlreiche Notizen während der Verhandlung gemacht. Außerdem haben Sie sich die Zusammenfassungen notiert. Am Ende des Gesprächs ist es empfehlenswert, gemeinsam mit dem Lieferanten, die besprochenen Vereinbarungen nochmals durchzugehen und die Aufgaben bzw. nächsten Schritte festzuhalten.

Vereinbarungen in einer Aktennotiz erfassen

Wurde bereits in diesem Gespräch eine Einigung gefunden, reicht es aus, eine Aktennotiz zu schreiben mit den getroffenen Vereinbarungen. Im Einzelfall kann es sinnvoll sein, sich das Ergebnis vom Lieferanten abzeichnen zu lassen. Machen Sie eine kurze Pause. Geben Sie Daten in Ihren Computer ein und drucken Sie es zweimal aus. Danach gehen Sie mit dem Verkäufer die Daten auf Richtigkeit durch und beide unterschreiben. Somit beugen Sie Missverständnissen vor und die Gefahr eines späteren Rückziehers des Verkäufers wird auf ein Minimum reduziert.

Aufgaben und nächste Schritte in einem Maßnahmenkatalog erfassen

Ergeben sich während der Verhandlung Aufgaben, die noch zu erledigen sind, dann ist es empfehlenswert, mit einem Maßnahmenkatalog zu arbeiten. Diese strukturierte Vorgehensweise hat klare Vorteile:

- Anstatt in einem Protokoll unterzugehen, werden die Aufgaben gebündelt in einem Formular erfasst.
- Die strukturierte Übersicht schafft Transparenz.
- Klare Beschreibung der zu erledigenden Aufgaben, die Schritte und wer bis wann sich darum kümmert.

Beispiel eines Maßnahmenkataloges:

Nr.	Aufgabe	Maßnahmen	Verantwortlicher	Termin	Notiz

Schreiben Sie ein Protokoll!

Sie haben eine Aktennotiz und Maßnahmenkatalog geschrieben. Für was dann noch ein Protokoll? Die Inhalte der Aktennotiz und des Maßnahmenkataloges erfolgte gemeinsam mit dem Verkäufer. In das Protokoll schreiben Sie die internen Informationen, die sich aus dem Gespräch ergeben haben, zum Beispiel:

- In der Verhandlung sind Namen von Wettbewerbern gefallen, die Sie bisher noch nicht kannten und jetzt kontaktieren möchten.
- Der Verkäufer nannte Marktdaten, die Sie überprüfen wollen.
- Sie merkten, dass der Verkäufer einen guten Bezug zur Fachabteilung hat und suchen ein Gespräch mit dem Verantwortlichen, um dies zu klären.
- Informationen, die Sie zur Vorbereitung gesammelt hatten (Umsatz- und Preisentwicklung, Bonität, Probleme).
- Sie machten sich Notizen zum Verhandlungsverlauf: Welche Argumente sind gut beim Verkäufer angekommen, welche schlecht? Was ist dem Verkäufer wichtig? Wie konnten Sie ihn auf Ihr Ziel hin bewegen? Aus was steht er im Smalltalk? Welche Daten zur Kostenstruktur nannte er?
- Sie durchleben nochmals die Verhandlung in Ihrer Vorstellung.

Diese Erkenntnisse sind sehr wertvoll für zukünftige Gespräche. Die konsequente Entwicklung der Datensammlung hilft Ihnen oder Ihrem Nachfolger später. Sie sparen Zeit und bauen Ihren Wissensstand permanent aus.

Denken Sie daran: Profi-Verkäufer machen das genauso: Sie haben eine Datei oder Kartei, wo all diese Daten eingetragen werden. Bevor er das nächste Mal zu Ihnen kommt, wird er sich die Erkenntnisse von früheren Gesprächen wieder bewusst machen und auf diesem Niveau aufbauen.

> Warum das Rad jedes Mal neu erfinden?
> Nutzen Sie konsequent das Wissen und die Erfahrungen von früher!

Checkliste: Leitfaden zur Vorbereitung von Verhandlungen

Organisatorisch:

- Besprechungsraum mit Flip-Chart und Getränke bestellen.
- Agenda dem Lieferanten vorab zukommen lassen.
- Gesprächsdauer und Uhrzeit festlegen.
- Protokollführung vereinbaren.
- Wer ist von unserem Unternehmen einzuladen?
- Informieren Sie alle Beteiligten über das Ziel und die Strategie!

Sachebene (s. Checkliste Datensammlung):

- Welche Daten und Informationen brauchen Sie?
- Beschaffungsmarktforschung: Wie ist die Entwicklung von Rohstoffpreisen, Energie und Löhnen?
- Wie sind die Kostenbestandteile? Nachkalkulation durchführen.
- Wettbewerbsvergleich: Angebote einholen.
- Gab es Probleme hinsichtlich Qualität oder Liefergrad?
- Einbeziehung des Fachbereichs und/oder Geschäftsführung.
- Wie sind die Machtverhältnisse?
- Wie ist der Marktdruck?

Verhandlungsebene:

- Was ist das Verhandlungsziel?
- Wie begründen Sie dem Gesprächspartner das Ziel?
- Durch welche Strategie(n) erreichen Sie das Ziel?
- Mit welchen Gegenargumenten reagieren Sie auf die Einwände des Verkäufers?
- Welchen Nutzen können Sie dem Verkäufer bieten?
- Welche Taktiken werden Sie anwenden?
- Was sind die nächsten Schritte?
- Was sollte während der Verhandlung schriftlich fixiert werden?
- Was für ein Typ ist der Verkäufer?
- Wie soll das Gespräch eingeleitet werden?

Checkliste: Datensammlung

Allgemeine Daten:

- Um welchen Lieferanten handelt es sich?
- Was ist das konkrete Thema?
- Welche Produkte/Dienstleistungen liefert er an uns?
- Wie ist die Umsatzentwicklung mit uns (letzte 2 Jahre + Plan)?
- Wie ist die Preisentwicklung der letzten Jahre?
- Wie ist sein Umsatz mit allen Kunden (unsere Bedeutung für ihn)?
- Wie ist die Wettbewerbssituation (seine Konkurrenz +/- x %)?
- Wie ist die Marktsituation (Kunden-/Marktanforderungen an uns)?
- Wurde die Kalkulation von Lieferanten bereits offen gelegt?
- Wie lauten die Liefer- und Zahlungsbedingungen?
- Welche Probleme gab es mit dem Lieferanten (Qualität, Service)?
- Gibt es einen Rahmenvertrag? Wann läuft dieser aus?
- Sind – neben dem Stückpreis – Werkzeugkosten zu zahlen?
- Gibt es eine Abhängigkeit (z.B. Kundenwunsch, Fachbereich)?
- Wer hat eingeladen?
- Wurde der Lieferant bereits vorher über die Themen informiert?

Eventuell ergänzend recherchieren:

- Wie ist sein Umsatz mit allen Kunden in dieser Materialgruppe?
- Wie sind die Lieferlosgrößen? Wie oft liefert er im Monat?
- Was sind die Hauptkostenbestandteile und deren Preisentwicklung?
- Wie ist die Bonität des Unternehmens?
- Was für ein Typ ist der Verkäufer? Was sind seine Schwächen?

Allgemeine Merksätze

- Erst zuhören, durchatmen, denken, dann sprechen
- Sie wollen etwas vom anderen: Erst begründen, dann fragen. Zum Beispiel: „Damit wir Ihnen helfen können, brauchen wir Ihre Zusage für eine Kostendiskussion."
- Kein Angriff, wie „Das sehen Sie falsch." Oder „Sie bewegen sich gar nicht." Sondern: „Das mag aus Ihrer Sicht richtig sein." Oder „Was brauchen Sie von uns, damit wir nach vorne kommen?"
- Zeigen Sie dem anderen den Nutzen auf, den er davon hat.

Bei Angriffen

- Ich-Botschaft statt Schuldzuweisung: „Mich stört Ihr Verhalten."
- Fragen stellen: „Was bezwecken Sie damit?"
- Bei echtem Fehlverhalten: „Tut mir leid, wenn das so bei Ihnen angekommen ist."
- Hören Sie nur den Inhalt, überhören Sie den vorwurfsvollen Ton!
- Akzeptieren Sie die Meinung anderer und stehen Sie zu Ihrer Meinung!
- Nennen Sie dem anderen sein Fehlverhalten: „Bitte unterlassen Sie diesen persönlichen Angriff – es geht um die Sache."
- Reagieren Sie ganz anders, als erwartet: „Wie kann ich Ihnen helfen?"
- Machen Sie eine Pause!

Analysieren Sie die Verhandlung, indem Sie folgende Fragen beantworten:

- Wie gut konnten die Ziele umgesetzt werden?
- War die gewählte Strategie die richtige? Konnte das Verhandlungskonzept eingehalten werden?
- Welche Taktiken haben sich bewährt, welche besser weglassen?
- Welche unvorhergesehenen Situationen sind eingetreten?
- Wie wurden diese Situationen bewältigt?
- War die Zeitplanung richtig?
- Was konnten Sie über den Lieferanten noch erfahren?
- Ist der Verhandlungspartner ein Profi oder Amateur?
- Was ist beim Gesprächspartner positiv, was negativ aufgefallen?
- Welche Chancen und Risiken ergeben sich?
- Wurde ein Protokoll geschrieben?
- Wer soll über das Ergebnis informiert werden?
- Welche Aufgaben sind von Ihrem Unternehmen umzusetzen?
- Welche Fehler wurden gemacht und wie können Sie diese zukünftig vermeiden?
- Wie würden Sie den Verhandlungserfolg insgesamt bewerten?

Literaturverzeichnis

Altmann, Hans Christian: Kunden kaufen nur von Siegern, 4. Aufl. Landsberg 2000

Arnolds, Hans: Materialwirtschaft und Einkauf, 10. Aufl. Wiesbaden 2001

Birkenbihl, Vera. F.: Psycho-logisch richtig verhandeln, 9. Aufl. Landsberg 1995

Birkenbihl, Vera. F: Fragtechnik schnell trainiert, 6. Aufl. Landsberg 1996

Bloch, Arthur: Murphy's Gesetze in einem Band, München 1985

Caruso, David R.: Managen mit emotionaler Kompetenz, Frankfurt 2005

Conan, Horst: Die Kunst, mit Menschen umzugehen, Augsburg 1996

O'Connor, Joseph: Neurolinguistisches Programmieren: Gelungene Kommunikation und persönliche Entfaltung, 6. Aufl. Freiburg 1996

Crainer, Stuart: Die 75 besten Managemententscheidungen aller Zeiten, Wien/Frankfurt 2000

Detroy, Erich-Norbert: Das grosse Handbuch für den Verkaufsleiter, Landsberg 1998

Dommasch, Claus. E.: Der Profi-Einkäufer, 2. Aufl. Frankfurt 2000

Fey, Gudrun: Gelassenheit siegt!, Regensburg 1998

Field, Lynda: Aktiv-Programm Selbstbewusstsein, Augsburg 1998

Fisher, Roger: Das Harvard-Konzept, 22. Aufl. Frankfurt 2004

Frehner, Urs und Bodmer, Christian: Best Practice im Einkauf, München 2000

Goleman, Daniel: Emotionale Intelligenz, 18. Aufl. München 2005

Grossmann, Matthias: Einkauf leicht gemacht, 3. Aufl. Frankfurt 2007

Grossmann, Matthias: Im Einkauf liegt der Gewinn, Zug/Schweiz 2002

Grossmann, Dr. Gustav: Wünsche erfüllen sich, Bad Alexandersbad 1994

Grunwald, Herbert: Kosten senken mit dem Einkauf, Freiburg 1994

Haynes, Marion E.: Projekt-Management, Wien 1996

Hill, Napoleon: Denke nach und werde reich, Kreuzlingen 2005

Höller, Jürgen: Sicher zum Spitzenerfolg, 3. Aufl. Düsseldorf 1994

Jossé, Germann: Basiswissen Kostenrechnung, 4. Aufl. München 2006

Kennedy, Gavin: Erfolgreich verhandeln von A bis Z, München 1994

Kerkhoff, Gerd: Milliardengrab Einkauf, Weinheim 2003

Kipp-Weike, Wilfried: Kalkulation, Planegg 2004

Klein, Hans-Michael: Exzellent streiten, Regensburg 2001

Lay, Rupert: Manipulation durch die Sprache, 4. Aufl. München 1995

Lemme, Markus: Erfolgsfaktor Einkauf, Berlin 2005

Lesch, Matthias und Förder, Gabriele: Kinesiologie, München 1994

Littek, Frank: Die hohe Kunst des Feilschens, Niedernhausen 1998

López, José Ignacio: Du kannst es, München 1999

Madux, Robert B.: Erfolgreich verhandeln, Wien 1993

Merkle, Rolf: So gewinnen Sie mehr Selbstvertrauen, Mannheim 2002

Molcho, Samy: Alles über Körpersprache, 4. Aufl. München 2001

Robbins, Anthony: Grenzenlose Energie – Das Power-Prinzip, 9. Aufl. München 1991

Ruhleder, Rolf H.: Die 10 Schritte zum Verkaufserfolg, 6. Aufl. Renningen 2006

Rusch, Alex S.: Noch erfolgreicher, Frankfurt 2000

Rusch, Alex S. und Bühler, Ferris A.: Tue im Leben, was Du wirklich willst!, Landsberg 2001

Schäfer, Bodo: Die Gesetze der Gewinner, 2. Aufl. Frankfurt 2001

Schott, Barbara: Verhandeln, 2. Aufl. Planegg 2002

Schwartz, Steven: Wie Pawlow auf den Hund kam, München 1987

Seßler, Helmut: Der Beziehungsmanager, 2. Aufl. Mannheim 1998

Staples, Walter Doyle: Think like a Winner! Paderborn 1995

Tepperwein, Kurt: Kraftquelle Mentaltraining, 5. Aufl. München 1993

Versteeg, André: Revolution im Einkauf, Frankfurt 1999

Vollmuth, Hilmar: Kennzahlen, Planegg 2004

Wannenwetsch, Helmut: Erfolgreiche Verhandlungsführung in Einkauf und Logistik, Berlin 2003

Stichwortverzeichnis

expert verlag®
Erlesene Weiterbildung®

Dr. Rolf H. Ruhleder

Die 10 Schritte zum Verkaufserfolg

200 Tipps aus der Praxis

6., aktualis. Aufl. 2006, 106 S., € 19,80, CHF 34,80
(expert taschenbücher, 3)
ISBN 3-8169-2507-3

Zum Buch:
Der Autor gibt eine instruktive Übersicht über alle Probleme des Verkaufens und zeigt die Schritte zum Verkaufserfolg vor. Die zwölf Methoden der Preisargumentation und die zwölf Regeln der Einwandargumentation werden genauso erläutert wie das interessante Gebiet der Körpersprache im Verkaufsgespräch.

Inhalt:
Planung (Strategie) – Vorbereitung auf den Kaufwiderstand – Sich Zutritt und Gehör beim Kunden verschaffen (10 Türen zum Erfolg) – Konzentration auf die Verkaufsaufgabe – Wahl der Argumente – Verkaufsprozess – Behandlung des Kunden während des Verkaufs – Behandlung des Kunden nach dem Kaufabschluss – Was der Verkäufer und Verkaufsleiter noch wissen sollte – Hilfe, das (Verkaufs) Gespräch läuft an mir vorbei! (14 Ratschläge)

Die Interessenten:
Das in kurzer, knapper Form geschriebene Buch wendet sich an alle Praktiker, die im Verkauf tätig sind. Es ist für den Außendienstmitarbeiter wie auch für den Verkaufs-Innendienst geeignet. Verkaufsleiter sowie Aus- und Fortbildungsleiter werden ebenfalls von ihm profitieren.

»Es ist auch für den Käufer interessant, da es die Methoden durchschaubar macht.«
ekz-Informationsdienst

Fordern Sie unser Verlagsverzeichnis auf CD-ROM an!
Telefon: (0 71 59) 92 65-0, Telefax: (0 71 59) 92 65-20
E-Mail: expert@expertverlag.de
Internet: www.expertverlag.de

expert verlag GmbH · Postfach 2020 · D-71268 Renningen

expert verlag®
Erlesene Weiterbildung®

Ing. Ingolf Friederici

Partnerorientiertes Beschaffungsmanagement

auf der Basis von DIN EN ISO 9001: 2000-12

2002, 144 S., Anweisungen, Formblätter, zahlr.Beispiele,
1 CD-ROM, € 52,00 , CHF 90,00
(Edition expertsoft, 54)
ISBN 3-8169-2101-9

Das Buch gibt in einer Mischung von Theorie und viel Praxis einen Überblick über die vielfältigen Aufgaben-stellungen bei Beschaffung und Einkauf von Produkten und Dienstleistungen und die dabei zweckmäßiger-weise einzusetzenden Methoden und Werkzeuge.
Es ist eine Fundgrube für Unternehmen, die im Begriff sind, ihr Managementsystem zu dokumentieren oder es einer zeitgemäßen, zukunftsorientierten Optimierung zu unterziehen und dabei auch den Bereich der Be-schaffung betrachten müssen.
Komplette Anweisungen, viele Formblätter sowie Bewertungs- und Auswertungsverfahren können unschwer für das eigene Unternehmen angepasst werden. Dazu stehen alle Daten auf CD-ROM (lauffähig unter VISIO 2000) zur Verfügung.

Inhalt:
Funktion des Einkaufs innerhalb und außerhalb des Unternehmens – Bewertung und Anerkennung von Forderungen – Erarbeitung des Kaufvertrages – Rahmenverträge und Qualitätssicherungsvereinbarungen – Beschaffungsablauf – Outsourcing – Auswahl und Bewertung von Lieferanten – Prüfung und Bewertung von Lieferungen – Lieferantendatenbank – Zahlreiche Beispiele aus unterschiedlichen Wirtschaftsbranchen

Die Interessenten:
– Alle Unternehmen, in denen Ankauf und Beschaffung Teil der täglich ablaufenden Geschäftsprozesse sind (Groß-, Mittel- oder Kleinunternehmen)
– Leiter und Mitarbeiter im Beschaffungswesen/Einkauf, im Qualitätsmanagement, in der Disposition und Produktionsplanung

Fordern Sie unser Verlagsverzeichnis auf CD-ROM an!
Telefon: (0 71 59) 92 65- 0, Telefax: (0 71 59) 92 65-20
E-Mail: expert@expertverlag.de
Internet: www.expertverlag.de

expert verlag GmbH · Postfach 2020 · D-71268 Renningen

expert verlag®
Erlesene Weiterbildung®

Jens Holtmann

Erfolgreiche Einkaufspraxis

10 gewinnbringende Einkaufswerkzeuge für moderne Unternehmen

2., völl. neu bearb. Aufl. 2002, 129 S., € 46,00, CHF 79,00
(Kontakt & Studium, 477)
ISBN 3-8169-2046-2

»Im Einkauf liegt Gewinn«. Diese alte Kaufmannsregel hat bis heute nichts an Aktualität und Bedeutung verloren. Im Gegenteil. Dies wird besonders deutlich vor dem Hintergrund der rasanten Veränderungen in den Weltwirtschaftsregionen. Die Chancen, den Einkaufserfolg zu steigern und die Kosten zu senken, müssen konsequent genutzt werden.
Das Buch hilft dem Leser, seine gesamten Einkaufstätigkeiten professioneller und wirksamer zu erledigen. Zeitgerechtes und wirtschaftliches Einkaufen erfordert Kostendenken und Ertragsstreben, nutzbringende und gesicherte Bezugsquellen sowie spezielles einkäuferisches Know-how. Neben dem Basiswissen wird vor allem das »Große Einmaleins« des Einkaufs praxisnah und nachvollziehbar dargestellt.
Das Werk soll motivieren, weiterbilden, informieren, anleiten, beraten und helfen. Schritt für Schritt wird des Einkaufen zur »sprudelnden Gewinnquelle«. Der Leser erhält zahlreiche praxiserprobte Leitfäden, Formulare, Musterbriefe, Checklisten, Arbeits- und Argumentationshilfen, Musterverträge, Tipps etc., die das Umsetzen in den Arbeitsalltag beschleunigen und erleichtern.

Inhalt:
Der Gewinnfluß des Einkaufs – Das schlagkräftige Einkaufskonzept – Einkaufs-Controlling – Einkaufskonditionen verbessern – Einkaufsmärkte erkunden – Importeinkauf – Lieferantenmanagement – Einkaufsverhandlungen – Reklamationsleitfaden – Einkaufsgemeinschaften – Einkaufsdienstleister – Elektronischer Einkauf

Die Interessenten:
Das Buch ist eine Fundgrube für alle Einkäuferinnen und Einkäufer aus Industrie-, Handels- und Dienstleistungsunternehmen, die überdurchschnittliche Einkaufsergebnisse erzielen wollen.

Fordern Sie unser Verlagsverzeichnis auf CD-ROM an!
Telefon: (0 71 59) 92 65-0, Telefax: (0 71 59) 92 65-20
E-Mail: expert@expertverlag.de
Internet: www.expertverlag.de

expert verlag GmbH · Postfach 2020 · D-71268 Renningen